GIANCARLO FORNEI

PENSIERO POSITIVO PER BAMBINI

Come Educare Tuo Figlio al Pensiero Positivo e all'Autostima Sin dai Primi Anni del Suo Sviluppo

Titolo

"PENSIERO POSITIVO PER BAMBINI"

Autore

Giancarlo Fornei

Editore

Bruno Editore

Sito internet

http://www.brunoeditore.it

Sommario

Chi è Giancarlo Fornei

Mi chiamo Giancarlo Fornei, sono un formatore motivazionale, uno scrittore e un *mental coach*. Da quasi venticinque anni mi occupo di consulenza e formazione nel campo del marketing turistico e dei servizi, comunicazione e tecniche di vendita. Dal 1999 ho sviluppato tutte le aree della crescita personale: comunicazione efficace e interpersonale; autostima, pensiero positivo, motivazione, definizione obiettivi, *mental coaching* ecc. Da buon marketer, ho sempre anticipato gli eventi e, dopo aver conosciuto e cominciato a studiare la PNL già nel lontano 1994, ho iniziato a occuparmi di *life* e *sport coaching*.

Nel mio lavoro di coach, mi è capitato di vedere e sentire diversi genitori annientare letteralmente l'autostima dei propri figli. Pur essendo consapevole che in molti casi non esiste cattiveria ma solo "inesperienza" nel "mestiere" di genitore, come papà prima e come coach poi, ho deciso di scrivere questo ebook per dare a tutti quei genitori che vogliono mettersi in discussione una sorta di guida, un vademecum da seguire per alimentare l'autostima nei loro bambini, facendoli crescere sicuri di sé e delle proprie potenzialità.

In rete sono conosciuto come "il coach delle donne", per la mia grande esperienza di lavoro con l'universo femminile. Sono autore di altri quattro ebook, tutti editi dalla Bruno Editore di Roma: *Penso positivo*, *Donne In Crisi*, *Cosa vogliono le donne?*, *Marketing Turistico*.

Introduzione

Se hai acquistato questo ebook, sei sicuramente un genitore oppure un educatore o comunque una persona cui interessa la crescita personale. Mamma o papà, zia o nonno, maestra o catechista non fa differenza, l'importante è la tua voglia di metterti in discussione. Quindi trova un posto tranquillo e prenditi le prossime due ore tutte per te.

Mi rivolgerò, per semplicità, a te come genitore. Ti racconterò di come, anche tu, possa imparare a insegnare a tuo figlio a pensare in positivo e alimentare la sua autostima, aiutandolo a crescere fiducioso delle sue potenzialità.

Il mestiere di genitore è forse, anzi, senza forse, **è senza alcun dubbio il più difficile che esista sulla terra**. Si impara a fare i papà e le mamme solamente facendo... il papà e la mamma. Prima di essere un coach motivazionale, sono padre di Sebastian e di Mattia, due splendidi ragazzi di 22 e 19 anni. Guardando indietro, capisco quanti errori ho commesso nel corso della mia esperienza di genitore. Quindi, stai tranquillo.

Come me, anche tu puoi imparare a "lavorare" sull'aspetto mentale e motivazionale di tuo figlio, puoi insegnargli a credere in se stesso e a rafforzare la sua autostima. Senza alcun bisogno di essere un coach o uno psicologo, ma semplicemente lavorando sulle banali e semplici regole della crescita personale.

Se hai ancora dei bambini piccoli, questo ebook ti risulterà particolarmente utile, perché è risaputo che il cervello dei bambini è più facilmente plasmabile. Ma questo vale sia nel bene sia nel male. Pertanto, ti invito a prestare particolare attenzione al modo in cui parli a tuo figlio, perché il tuo linguaggio, come scoprirai leggendo l'ebook, è in grado di influenzare, positivamente o negativamente, la vita dei tuoi figli.

In chiusura di questa breve introduzione, ti invito ad avere coraggio e provare ad applicare i consigli che trovi esposti nell'ebook. Comprendo bene che potresti avere paura di sbagliare, ma genitori perfetti non si nasce (e neppure si diventa). Per esperienza, posso dirti che per diventare un buon genitore dovrai agire e l'azione genera, inevitabilmente, degli errori.

Solo a forza di tentativi e purtroppo, sbagliandone molti, puoi ambire a essere un "buon genitore". Dunque: **concediti il lusso di sbagliare, datti la possibilità d'imparare ad alimentare l'autostima di tuo figlio.** Aiutalo a pensare in positivo, a capire che il mondo che lo sta aspettando non è solo schifezza, crisi economica o mancanza di valori, ma è anche pieno di opportunità. Solo se sarà sicuro dei suoi mezzi, fiducioso nelle sue possibilità, il tuo bambino, quando sarà grande, saprà coglierle.

In bocca al lupo per il tuo nuovo lavoro di **genitore motivatore.** Spero che tu possa trovare utili consigli e spunti interessanti per aiutare tuo figlio a crescere consapevole delle sue capacità. Puoi pormi tutte le domande che vuoi, scrivendo a info@giancarlofornei.com.

Giancarlo Fornei
Formatore motivazionale, scrittore & *mental coach*
"Il coach delle donne"

CAPITOLO 1:
Come parlare a tuo figlio

La mattina del 18 giugno 2011, ero in treno, alla volta di San Benedetto del Tronto. Mi stavo recando nella cittadina marchigiana per partecipare a uno dei seminari sulla comunicazione che organizzo in giro per l'Italia. Non avevo mai fatto un'esperienza così negativa e te la racconto con un pizzico di rabbia in gola, tale fu la mia collera nell'assistere a una scena del genere.

Il treno era affollatissimo, pieno di amici del sud che tornavano ai propri paesi di origine per una breve vacanza, dalla Germania o dal Belgio, dove erano a lavorare. Immaginati, quindi, un treno carico al massimo della sua capienza, pieno di valige e pacchi anche nel corridoio. Tra le altre cose, faceva caldo, dato che, come al solito, l'aria condizionata nei vagoni di molti treni delle Ferrovie dello Stato è un optional.

Nello scompartimento accanto al mio, un bambino un po' vivace cercava di coinvolgere nei suoi giochi dapprima la sorellina più grande, poi la mamma e, a seguire, il nonno. Premetto che, in effetti, il bambino era un po' troppo vivace, ma la situazione sul treno era difficile per un adulto, figuriamoci per un bambino che avrà avuto cinque o sei anni. Tra l'altro, riportava una vistosa garza a un occhio, segno che era stato operato da poco o, comunque, che aveva avuto dei problemi alla vista.

Il bambino comincia a giocare nel corridoio con degli animaletti di plastica, grandi come dei soldatini. Come dicevo, cerca di attirare l'attenzione della sorella, ma lei, più grande di lui, chiacchiera tranquillamente con la madre. Poi cerca di coinvolgere la mamma nei suoi giochi, ma nulla da fare. L'unico che si presta a giocare un pochino con lui è il nonno. Ma ben presto anche lui si stanca e il bambino, che vuole giocare con qualcuno, comincia a fare i capricci.

È in quel momento che, dallo scompartimento dove siede tutta la famiglia del bambino, si levano una serie di parolacce: la madre **gliene dice di tutti i colori**. Parole che non oso ripetere e che, dette a un bambino così piccolo, fanno male. Tra l'altro, dopo un po', la madre si alza, lo strattona e gli dà pure uno schiaffo.

Nel mio scompartimento ci guardiamo un po' tutti in faccia, meravigliati di un comportamento del genere. Ma nessuno, però, dice e fa nulla. Nel frattempo, la scena va avanti e a un certo punto ci si mette anche il nonno a dire al bambino parole e frasi senza senso.

Ne riporto solamente una su tutte (forse la più leggera), per farti capire la gravità della situazione. Evidentemente, la famiglia stava andando al mare, perché a un certo punto il nonno dice al bambino, con tono alto e minaccioso, questa frase: «Adesso piantala, perché quando siamo in spiaggia ti prendo e ti butto in mare».

Non l'avesse mai detto! A me è schizzato il sangue alla testa: ma sono parole da dire a un bambino? Stavo per alzarmi e affacciarmi per dirgliene quattro, quando nel mio scompartimento si è materializzato il controllore. Allora ho morso la lingua per la rabbia e gli ho fatto notare il problema (a essere sincero, glielo avevano già riferito le persone in piedi nel corridoio), dicendogli anche se non avessero smesso di trattare male il bambino li avrei denunciati ai servizi sociali.

Evidentemente il controllore deve essere stato molto convincente, perché, per tutto il resto del loro viaggio, la madre e il nonno non hanno più rivolto offese e frasi minacciose al bambino.

Ti ho raccontato questa storia perché voglio che tu comprenda come sia possibile **distruggere l'autostima** di un bambino solo con le parole. Immagina, per un solo istante, di essere al posto di quel bambino e di vivere in quella famiglia. Riesci a immaginarlo?

Riesci a immaginare le angherie, i soprusi, i maltrattamenti, le brutte parole che quel bambino deve sopportare dai suoi famigliari? Suo padre non era sul treno, quindi non possiamo sapere com'è, ma prova solo a immaginare se fosse peggio della madre. Come potrà mai crescere questo bambino? Rifletti: come potrebbe essere la sua autostima?

Te lo dico io: **l'autostima di questo bambino sarebbe pari allo zero**. Crescendo, avrebbe la sensazione di non valere nulla. Si sentirebbe privato di affetto e i suoi pensieri sarebbero negativi. È molto probabile che con il tempo diventerebbe anche aggressivo, trattando gli altri così come lui è stato trattato dai suoi famigliari.

Se quel comportamento sconsiderato avvenuto in treno è stato occasionale, è probabile che tutto finisca lì (anche se a mio avviso non dovremmo mai trattare i bambini così), ma se invece è un comportamento ripetuto, quotidiano, il bambino comincerà a credere di non meritare l'amore dei suoi famigliari – in questo caso della mamma e del nonno – e, con il tempo, finirà per convincersi di non essere degno dell'amore di nessun altro.

Ma la cosa ancor peggiore è che **il bambino smetterà di volersi bene, di amarsi**. Cominciando a ripetersi continuamente che nessuno lo ama e, purtroppo, finendo inesorabilmente per crederci.

Ti rendi conto di quanti danni potrebbe portare quel comportamento sconsiderato? Quelle che per qualcuno potrebbero essere state solo "banali parole", dette in un normale impeto di rabbia, per il bambino si trasformeranno in una sorta di **profezia negativa**. Tu sei un genitore e devi **misurare** le tue "banali" parole. Devi stare molto attento ai tuoi "normali" impeti di rabbia, perché, come hai potuto notare, a lungo andare possono creare dei seri complessi in tuo figlio. E tu vuoi evitarlo, vero?

Voglio che tu sappia che nulla al mondo offre maggior sicurezza ai bambini che sapere di essere profondamente amati dai propri genitori. Nulla più dell'amore di papà e mamma stimola lo sviluppo di un'immagine positiva che il bambino costruisce di se stesso. Nulla più del sapere di essere amato dai genitori in qualunque circostanza, anche nelle situazioni più difficili – vedi il viaggio su quel treno –, alimenta l'autostima di un bambino. Vale per tuo figlio, vale per i miei, vale per il figlio di ogni genitore che legge questo ebook.

SEGRETO n. 1: dimostra e ripeti ogni giorno a tuo figlio quanto lo ami. Lo renderai più sicuro di sé e stimolerai la sua capacità di creare un'immagine positiva di se stesso.

Io non ho dubbi che tu voglia bene a tuo figlio, altrimenti non avresti investito tempo e denaro per leggere questo ebook, ma la domanda che devi porti è: **lui, lo sa?** Lui, tuo figlio, sa che gli vuoi bene?

Questa mattina, quando si è alzato e lo hai accompagnato all'asilo o a scuola, glielo hai ricordato? Devi dimostrarglielo, costantemente. Siccome è un bambino – e come tutti i bambini è potenzialmente insicuro – devi sforzarti di dirglielo tutti i giorni, ripetergli quanto lo ami in ogni momento della giornata.

Evita di darlo per scontato. Evita di dire tra te e te: «Tanto lo sa che papà gli vuole bene», «Tanto lo sa che la mamma lo ama». No. Lui non lo sa e, anche se lo sapesse, fidati di me: **ha bisogno che glielo ricordi tutti i giorni, meglio ancora se glielo dimostri con i fatti, con gli atteggiamenti**.

Appartengo a quella scuola di pensiero che sostiene che sia decisamente meglio abbondare di complimenti, piuttosto che di critiche. Quindi: diglielo! Digli chiaramente che gli vuoi bene!

Eric De La Parra Paz, nel suo bellissimo libro *Pnl con i bambini*, senza dubbio la miglior guida per genitori che abbia mai letto, afferma testualmente: «I bambini non nascono con un'immagine di sé. Possono diventare ciò che essi stessi o i loro genitori vogliono che diventino. Possono andare in qualunque direzione fin dall'infanzia. L'immagine che vostro figlio si forma di se stesso è il risultato diretto degli stimoli che riceve dall'ambiente che lo circonda, e gli stimoli che riceve dai genitori influiscono in maniera determinante».

Come parlare a tuo figlio?
Intanto, il primo consiglio che ti offro è quello di **parlare** a tuo figlio. Molti genitori, infatti, soprattutto i papà – ne sono consapevole, perché io stesso ho commesso questo errore – hanno un dialogo limitato con i propri figli.

Gli uomini sono spesso preda del lavoro, del successo, dei soldi. La maggior parte dei pensieri maschili è concentrata sul "come fare per portare a casa la pagnotta".

In un mondo competitivo come questo, l'uomo è spesso oberato da mille problemi, ha sempre meno tempo e torna a casa stanco, con poca voglia di parlare sia con la moglie, sia con i figli.

Molti si dimenticano che i loro figli non vivono solo di pappa, bensì necessitano di una carezza, di una parola dolce, di un «Ti voglio bene», di essere ascoltati. Le donne, a tal riguardo, sono molto più brave degli uomini: **sono più empatiche e riescono, quasi sempre, ad avere un dialogo migliore con i propri figli.** Sotto questo aspetto, credo che gli uomini debbano prendere esempio dalle donne.

Un banale quanto efficace consiglio: passa più tempo con tuo figlio, parlagli, gioca con lui, ascoltalo, goditelo ora finché sei in tempo, perché quando lui sarà grande… ahimè, sarà sempre più distante da te (te lo dice un papà con due figli grandi). Allora rimpiangerai il tempo che non avrai passato insieme a lui.

Parla con tuo figlio. Parla delle cose che gli piacciono, dei suoi segreti, dei suoi desideri, dei suoi problemi. Quando parla lui, **ascoltalo con molta attenzione, in maniera attiva**. Astieniti dal fare qualsiasi altra cosa tu stia facendo (se stai guardando la tv, spegnila; se stai leggendo il giornale, chiudilo), guardalo negli occhi e digli: «Dimmi amore, papà ti ascolta».

Se ti abitui a parlare con lui (nonché ad ascoltarlo) sin da bambino, sarà più facile per te comunicare con lui quando sarà adolescente (periodo difficile per ogni ragazzo) e, in seguito, adulto.

Potrà sembrarti paradossale, ma esiste anche un altro vantaggio nel parlare continuamente con il tuo bambino: sentendosi considerato, al centro delle tue attenzioni, lui si sentirà sempre più sicuro e in questo modo contribuirai a rafforzare anche il suo carattere. Insomma, contribuirai a costruire la sua autostima con la A maiuscola.

SEGRETO n. 2: passa più tempo insieme a tuo figlio. Parla con lui, gioca con lui, ascoltalo. Oltre a stare meglio come genitore, rafforzerai il suo carattere e lo farai sentire più sicuro.

Ora che abbiamo stabilito quanto è importante che tu parli un po'
di più con tuo figlio, è giunto il momento di soffermarci sul modo
di parlargli: **quando parli con il tuo bambino usa un linguaggio
positivo**.

Un linguaggio positivo è un linguaggio che motiva continuamente
tuo figlio. Un linguaggio negativo (tipico della maggior parte di
noi genitori), invece, è un linguaggio che deprime tuo figlio e lo
limita. Prima di fare degli esempi, è opportuno che ti racconti
qualcosa sul cervello di tuo figlio (e di ogni altro essere umano).

Il cervello del tuo bambino, così come il tuo e il mio, è una
macchina perfetta, con delle potenzialità praticamente illimitate.
Anzi, nei bambini le potenzialità sono ancora maggiori, perché la
loro mente non è stata ancora contagiata dai tanti "virus limitanti"
che noi adulti siamo in grado di costruirci ogni giorno. Loro, i
bambini, apprendono come delle spugne: hanno solo bisogno di
essere continuamente stimolati.

Ripeto: **il cervello dei bambini ha solo bisogno di essere
stimolato in positivo**. Questo, purtroppo, per le famiglie disagiate

può essere un problema, perché, come afferma testualmente **Christian Wolf** nel suo bellissimo articolo intitolato *Povera infanzia*, apparso sulla rivista "Mente & Cervello" nel marzo del 2010: «Lo sviluppo cerebrale del bambino dipende anche dal benessere e dall'istruzione dei genitori. E a risentire di una condizione sociale difficile sono soprattutto il linguaggio e la memoria».

Ma questo non deve essere un limite per te, bensì uno stimolo ulteriore. Se per caso sei un genitore un po' in "difficoltà", voglio che tu stia tranquillo, perché nel capitolo 4, quando parleremo di come aiutare tuo figlio a diventare un vincente, ti darò parecchi consigli che ti permetteranno di aiutare il tuo bambino, nonostante le eventuali difficoltà economiche.

La mia esperienza come coach mi ha insegnato che quello che conta è la presa d'atto di una determinata situazione, la consapevolezza di avere un problema e la volontà di risolverlo, mettendo in pratica delle azioni per superarlo. Quindi, puoi anche essere un genitore che vive un momento di difficoltà economica, ma, se veramente vuoi aiutare tuo figlio a pensare in positivo, a crescere sicuro di sé e con una buona autostima, sono certo che saprai sfruttare al meglio i consigli che troverai in questo ebook.

Torniamo alle potenzialità del nostro cervello. Senza scendere in particolari troppo scientifici (sarei la persona meno adatta), mi soffermo su quegli aspetti che ti interessano come genitore, per imparare a parlare a tuo figlio in un certo modo. Devi sapere che il cervello umano fa confusione con la negazione "non": in una situazione la cancella, in un'altra la rafforza.

Quando il cervello di tuo figlio non riconosce la negazione "non" e la cancella

Come genitori, siamo abituati, per una questione di retaggio mentale, a usare la negazione "non" quando parliamo con i nostri figli. Del resto, i nostri genitori lo hanno fatto con noi.

Non so tu, ma io per molto tempo ho usato frasi di questo genere:

- «Non correte in casa»;
- «Non giocate a pallone in giardino»;
- «Mattia: non tirare i capelli di tuo fratello»;
- «Non urlate per favore, ho mal di testa»;

- «Non mangiate con le mani»;

- «Non toccate la presa»;

- «Seba, non tirare la coda al gatto»;

- «Non voglio che rispondi a tua madre»;

- «Non fate questo»;

- «Non fate quello».

Sono convinto che anche tu hai usato (e, forse, stai ancora usando) la tua bella razione di negazioni quotidiane per dare un comando a tuo figlio. Così come sono convinto che anche tu ti arrabbi quando tuo figlio non esegue il comando che gli hai appena dato, ponendo la negazione "non" davanti. Giusto? E sai perché il tuo bambino (come i miei figli) non esegue il comando?

Perché il suo cervello non riconosce la negazione "non" e la cancella. Lo ripeto: quando è inserita in una frase sotto forma di comando, **il cervello di tuo figlio** (come quello di ogni essere umano) **non riconosce la negazione "non" e la cancella.** Pertanto, quando io dicevo ai miei figli «Non correte in casa per favore», in realtà, il loro cervello codificava questo messaggio: «Correte pure in casa».

Leggendo e documentandomi, ho scoperto che una delle caratteristiche del nostro cervello è proprio quella di **cancellare i comandi dati sotto forma di negazione "non"**. O, meglio, il cervello umano cancella la negazione "non" e lascia passare tutto quello che c'è prima e dopo di essa.

Dunque, il problema non erano i miei figli, che erano delle pesti e non ubbidivano mai, bensì io, che ero incapace di parlargli e, soprattutto, di dargli i giusti comandi positivi.

Vediamo come i comandi, prima espressi in maniera sbagliata, avrebbero potuto essere comunicati in maniera molto più efficace:

- «Per favore, evitate di correre in casa»;
- «Quante volte vi ho detto che a calcio si gioca al campo sportivo?»;
- «Mattia, vorresti che qualcuno tirasse i tuoi di capelli?»;
- «Papà ha mal di testa, vi chiedo di fare i buoni per un'ora e dopo giochiamo insieme»;
- «Questa è la forchetta: si usa per mangiare, così» (mostrando al bambino come usarla);
- «Se tocchi la presa prendi la scossa» (e fai una smorfia come

se provassi dolore);

- «Seba, se tiri la coda al gatto lui si rigira e ti graffia, così ti fa male e dalla ferita esce sangue»;

- «La mamma è importante: se ti dice una cosa è per il tuo bene e se tu le rispondi sgarbatamente lei ci rimane male e piange»;

- «Evita di fare questo per favore»;

- «Evita di fare quello perché… » (e motivi la cosa).

SEGRETO n. 3: per comunicare meglio con tuo figlio, ti basta eliminare la negazione "non" dal tuo vocabolario e dargli solo comandi positivi, rafforzati da esempi e spiegazioni.

Quando il cervello di tuo figlio riconosce la negazione "non" e la rafforza

Se il primo motivo non ti ha ancora convinto del tutto a eliminare la negazione "non" dal tuo modo di parlare con tuo figlio, eccotene un secondo. Sono certo che questa volta cambierai completamente la tua opinione.

Devi sapere che quando la negazione "non" lavora sulle **credenze o le convinzioni di qualcuno** (nello specifico del tuo bambino), purtroppo, il cervello prende alla lettera i comandi e le negazioni ne escono rafforzate. Per esempio, se dicessi a Seba: «Sei un incapace e non riuscirai mai a fare nulla di buono nella tua vita», e ripetessi con regolarità queste parole, lui finirebbe per crederci.

Un giorno, di fronte a un problema o a un momento di difficoltà, il suo cervello metterebbe automaticamente in pratica le cose che avrebbe sentito ripetere da me (o da mia moglie), creando i presupposti perché si verifichi la famosa profezia. Ed ecco che Sebastian mollerebbe ancor prima di aver cominciato a lottare, perché una lampadina nel suo cervello si accenderebbe e gli direbbe: «Ma che cavolo ci provi a fare? Tanto sei un incapace, te lo diceva anche tuo padre!»

Io, che amo moltissimo l'ironia, mi faccio improvvisamente serio mentre scrivo queste cose. Non hai idea di come alcune frasi, che vanno a lavorare inconsciamente sulle credenze e le convinzioni di tuo figlio, possano fare dei danni terribili. Ho personalmente parlato con molti genitori, sentendomi ribattere: «Ma via, una frase talmente banale come può fargli così male?» Oppure: «Ma no, lui lo sa che è una frase detta in un momento di rabbia e che io non lo penso proprio!»

Sarà anche una frase banale. Sarà anche che tu non pensi veramente quello che hai detto. Ma la domanda dovremmo girarla a tuo figlio: lui, come la pensa? Crede che sia una banale frase o hai appena messo in dubbio le sue più profonde convinzioni? Sei proprio sicuro che lui sappia che tu non pensi quella cosa che gli hai appena detto?

No, io sono invece convinto che il suo emisfero destro, quello che governa la parte inconscia, abbia registrato le informazioni e che, successivamente, le andrà a rielaborare in base alla sua specifica mappa del mondo. Sono certo che il suo cervello abbia rafforzato, dentro di sé, proprio quelle convinzioni che tu, come genitore, non volevi trasmettere a tuo figlio. Ma lo hai fatto.

Conosco molti genitori che – purtroppo – usano frasi di questo genere:

- «Ma sei proprio un cretino»;
- «Non capisci un cavolo»;
- «Stupido, non stai mai attento»;
- «Ma cosa ci vai a fare a scuola, se tanto non capisci nulla?»;

- «Non obbedire mai, vedrai come vai a finire»;
- «Ma non capisci quando ti parlo?»;
- «Ma sei stupido o ci fai?»;
- «Ma guarda se mi doveva capitare un figlio così imbecille!»

Indipendentemente dal fatto che tu ci metta o meno la negazione "non", per favore, **evita di parlare in questo modo a tuo figlio.** O a qualsiasi altro bambino o ragazzo. Io non l'ho mai fatto con i miei figli e sai perché?

Perché mi ricordo ancora di un paio di professori molto intelligenti, che nei primi anni delle superiori mi ripetevano, ogni volta che venivo interrogato o che c'era un compito in classe, questa frase: «Fornei, come al solito non hai capito un cavolo. Ma cosa ci vieni a fare a scuola, a scaldare il banco?» Aggiungendo: «Sei poco intelligente, non riuscirai a fare nulla di buono nella tua vita».

Erano molte le materie in cui non andavo bene, ma matematica e inglese erano per me le più ostiche. Avevo una sorta di rifiuto. Io ero una testa di rapa, che non s'impegnava abbastanza, ma quei due professori erano più rape di me, per non usare un'espressione più colorita. Se al mio posto ci fosse stato un ragazzo più debole caratterialmente, lo avrebbero affossato. Io, invece, ero più resistente, mi piegavo ma non mi spezzavo.

Pazienza, ormai è andata. Ma questa storia deve servire per ricordare a te, come genitore, di evitare assolutamente di usare quel tipo di linguaggio negativo con tuo figlio.

Evita di parlargli in quel modo, evita di dirgli cose che lavorano in maniera subdola sulle sue convinzioni e sulle sue credenze, perché potresti creare dei danni all'autostima del bambino: danni che potrebbero portargli timidezza, scarsa capacità di credere in se stesso, paura di agire, paura di sbagliare, problemi di comunicazione e problemi psicologici in genere.

Il cervello di tuo figlio (così come quello di ogni altro bambino o essere umano) **elabora alla lettera le informazioni** che ha ricevuto e, di conseguenza, crea le connessioni neurali. Dacci oggi, dacci domani, dacci dopo domani, a forza di sentirsi ripetere certe cose, tuo figlio finirà per crederci e le rafforzerà sempre più dentro di sé, sino a farle diventare delle vere e proprie convinzioni limitanti. Ovvero: **convinzioni che lo bloccheranno e limiteranno sempre nella vita.**

Riassumendo questo primo capitolo:

- se lavoro sulle convinzioni o credenze e dico a mio figlio che «Non capisce nulla», e glielo ripeto all'infinito, anche cambiando parole, **è molto probabile che lui finirà per crederci**, perché il cervello umano recepisce il significato letterale di ogni parola o comando che riceve;
- se invece uso la negazione "non" davanti a un comando e dico a mio figlio «Non mettere le dita nella presa», **è molto probabile che lui faccia proprio quello che io non volevo.**

SEGRETO n. 4: proprio perché il cervello umano recepisce il significato letterale delle cose, è bene ricordare che le istruzioni devono essere inviate al cervello di tuo figlio sempre in tono positivo.

Insomma, digli quello che vuoi che faccia, anziché dirgli quello che non vuoi che faccia! La differenza linguistica è minima, ma posso garantirti che la differenza di risultati è abissale.

Esercizio n. 1:

1. Prendi un blocco notes e scrivi 10 frasi e/o parole negative che come genitore sei solito dire a tuo figlio.

2. Usando le tecniche che hai appreso in questo primo capitolo, prova a ribaltare i comandi dati in forma negativa e metterli in forma positiva. Per esempio: «Ti ho detto di non giocare alla playstation ora» fallo diventare «Prima si fanno i compiti e poi si gioca alla playstation, così sei libero di giocare più tranquillo».

3. Sempre usando le tecniche che hai appreso, prova a ribaltare anche le considerazioni negative cha hai sul bambino, mettendole in forma positiva. Per esempio: «Non capisci mai nulla la prima volta che ti si spiega una cosa» fallo diventare «Tranquillo, hai solo bisogno di più tempo per capire bene le cose. Sono convinto che, se ci metti un po' d'impegno, riesci a capire molto meglio».

RIEPILOGO DEL CAPITOLO 1:

- SEGRETO n. 1: dimostra e ripeti ogni giorno a tuo figlio quanto lo ami. Lo renderai più sicuro di sé e stimolerai la sua capacità di creare un'immagine positiva di se stesso.

- SEGRETO n. 2: passa più tempo insieme a tuo figlio. Parla con lui, gioca con lui, ascoltalo. Oltre a stare meglio come genitore, rafforzerai il suo carattere e lo farai sentire più sicuro.

- SEGRETO n. 3: per comunicare meglio con tuo figlio, ti basta eliminare la negazione "non" dal tuo vocabolario e dargli solo comandi positivi, rafforzati da esempi e spiegazioni.

- SEGRETO n. 4: proprio perché il cervello umano recepisce il significato letterale delle cose, è bene ricordare che le istruzioni devono essere inviate al cervello di tuo figlio sempre in tono positivo.

CAPITOLO 2:

Come aiutarlo a pensare in positivo

I bambini ancora non lo sanno, ma il loro modo di pensare influenzerà tutta la loro vita. Nascono già predisposti ad avere un approccio positivo alle cose: **sono allegri, sorridenti, curiosi, solari, gioiosi, vivaci**. Insomma, sono "programmati" per ricevere stimoli positivi.

Poi sul loro cammino arriva l'adulto, che nella maggior parte dei casi mette una cappa negativa sulla loro spensieratezza, trasferendo ben presto al bambino tutto ciò che di negativo c'è nel mondo dei "grandi": ansia, competizione, senso di fallimento, paura di sbagliare e molto altro ancora.

Dunque, per aiutare tuo figlio a pensare in positivo, basterebbe poco, veramente poco: **che fosse lasciato libero di vivere nel suo mondo di bambino e che non subisse condizionamenti dagli adulti che ha intorno**. Basterebbe che, in primis, i genitori facessero un passo indietro ed evitassero di scaricare sul bambino le loro frustrazioni o aspettative. Frustrazioni per non essere riusciti a fare una determinata cosa nella vita o aspettative di qualsiasi tipo, proiettate sul bambino come se egli fosse una sorta di terminale per la realizzazione dei loro sogni.

Ed ecco che ci sono genitori che proiettano sul figlio la propria immagine di sportivo e lo costringono ad andare in piscina, a calcio o ad atletica leggera contro la sua volontà. Altri che proiettano l'immagine di grandi artisti e "obbligano" bambini di cinque o sei anni a fare corsi di pittura o disegno, perché in questo modo danno sfogo al proprio ego (al loro, non a quello dei loro figli).

Potrei citarti centinaia e centinaia di esempi di genitori che forzano la volontà dei figli, facendogli fare le cose più disparate del mondo, per soddisfare le proprie aspettative o alleviare una propria frustrazione. Poi, quando fai loro notare che il bambino non è contento di andare in piscina ma avrebbe preferito un corso di pittura, ti guardano sornioni e dicono: «Bastava che me lo dicesse, sapesse quanti soldi mi è costato mandarlo a nuoto».

Ma lui, tuo figlio, ha provato più di una volta a dirtelo, solo che tu ascoltavi quello che volevi sentirti dire e vedevi quello che volevi vedere. Conosci il proverbio: «Non c'è peggior sordo di chi non vuol sentire»?

Se anche tu appartieni a questa tipologia di genitore, impara a fare un passo indietro, fermati a parlare con tuo figlio e domandagli: «A te, cosa piacerebbe fare?»

Dall'età di sette anni circa, Sebastian prima e poi anche Mattia, cominciarono ad andare in piscina. Anni e anni di nuoto, gare su gare. Trasferte su trasferte. Mentre Mattia gareggiava con il sistema dell'"aspetta che arrivo", quindi partiva in vasca con comodo e arrivava con comodo (ovvero, sempre ultimo della sua batteria), sembrava che Seba amasse gareggiare.

Ho detto sembrava, perché un giorno, vedendolo uscire dalla piscina un po' deluso e rattristato, mi sono fermato a fare quello che avrei dovuto fare molto tempo prima: **ho parlato con Seba, anzi, l'ho ascoltato.** Seba mi ha fatto chiaramente capire che era stanco di andare a nuoto e che avrebbe voluto fare un altro sport.

Parlandone con Paola, mia moglie, ci siamo resi conto che avevamo spinto il bambino oltre certi limiti e che sarebbe stato meglio "ascoltare" le sue esigenze e permettergli di cambiare sport. Fu allora che Seba scelse di andare a Ju-jitsu, un'antica arte marziale giapponese.

Dopo qualche anno, decise ancora di cambiare e approdò al calcio, un po' in ritardo per la sua età, ma era quello che desiderava e noi rispettammo il suo volere. Oggi, ventiduenne, insieme a Mattia è un assiduo frequentatore di palestre, nonché cultore del fisico.

SEGRETO n. 5: per aiutare tuo figlio a pensare in positivo, evita di scaricare su di lui le tue frustrazioni o aspettative. Piuttosto domandati cosa vuole fare lui.

Mi capita spesso di parlare con genitori giovani, cui sono solito consigliare di tenere lontani i propri bambini dalla televisione. Il motivo è presto detto: **la televisione rimbambisce i grandi, figuriamoci i bambini.**

Oggi in televisione passano quasi esclusivamente cose negative: ti sintonizzi su un canale che trasmette un telegiornale e parlano d'incidenti con morti, di crisi economica, di violenze varie ecc. Se decidi di vedere un film in prima serata, quasi sempre è pieno di violenza. Se guardi uno spettacolo, è infarcito di volgarità.

Insomma, la domanda è: «Posso fare a meno di far vedere ai miei figli certe schifezze?» La risposta è tanto ovvia quanto banale: **certo che posso evitare di far vedere ai miei figli certe schifezze**. Tanto, prima o poi, a vedere certe cose ci arriveranno da soli.

Non pensare che io sia un moralista, ma se posso evitare che (o almeno ritardare il momento in cui) i miei figli nutrano la loro mente di violenza e di negatività, lo faccio.

Ricordo di essermi opposto parecchie volte al fatto che Seba e Mattia acquistassero giochi violenti della Playstation. Così come ricordo di aver cambiato canale e guardato un documentario o un cartone animato, quando erano davanti alla televisione con me e Paola.

Lungi dall'essere il genitore perfetto, molte volte, troppe volte, non sono riuscito a essere un buon padre. Ma se c'è una cosa che ho ben presto capito è che la televisione rincretinisce le persone. Come dicevo, se ciò avviene con gli adulti, figuriamoci con i bambini, la cui mente è facilmente influenzabile!

Ragioniamo un po' su queste cose:

- la televisione uccide, metaforicamente, la creatività;
- la televisione riempie la testa di notizie negative, perché sono proprio quelle che attirano gli spettatori e fanno fare maggior audience;
- la televisione riduce spesso e volentieri il dialogo in famiglia;
- la televisione incita alla violenza;
- la televisione allontana il gioco tra genitori e figli;
- la televisione riduce drasticamente il tempo che i genitori trascorrono con i propri figli;
- la televisione non aiuta a socializzare.

Ti bastano come motivi per spengere quella maledetta televisione? Bene, perché grazie alla mia esperienza di coach e di formatore, ho scoperto che **non soltanto gli adulti possono**

compiere cose straordinarie, ma lo possono fare anche i bambini. Certo, noi genitori dobbiamo imparare a "nutrire" costantemente le loro menti di cose belle e dobbiamo insegnar loro a fare cose straordinarie.

I bambini sono fantastici, sono capaci di performance favolose e di meravigliarci ogni giorno con le loro scoperte e la loro capacità di apprendimento. Come diceva il grande Albert Einstein: «Tutti sanno che una cosa è impossibile da realizzare, finché arriva uno sprovveduto che non lo sa e la inventa».

Ecco, i bambini sono proprio così: sprovveduti e geniali al tempo stesso. Sono curiosi, affamati di conoscere cose nuove e capaci di apprendere a una velocità sbalorditiva. Dunque, il modo migliore per sviluppare la loro curiosità, nonché per dare corso alla loro creatività, non è certamente quello di permettergli di guardare per ore e ore la televisione.

Fidati di me: **se hai dei bambini piccoli, tienili il più possibile lontani dalla televisione**. Pur comprendendo che tu possa essere stanco, la sera spegni la televisione e gioca un po' con loro.

Lancia loro delle piccole sfide mentali e fisiche! Nulla di trascendentale, ci mancherebbe: ricordati che i bambini, alla loro età, devono giocare e non fare, come qualche genitore pretende, i geni.

Senza diventare pesante e ossessivo, senza trasferire su tuo figlio le tue ambizioni, puoi continuamente stimolare la sua mente, sviluppando sia la sua intelligenza, sia il suo pensiero positivo.

Tienilo lontano il più possibile dalla televisione e aiutalo a **crescere**, sia fisicamente sia mentalmente. Aiutalo a **pensare**, sin da piccolo, in maniera positiva, a fare delle piccole grandi cose straordinarie. Quando sarà grande, ti ringrazierà. E, se proprio vuoi fargli guardare la tv, almeno scegli dei programmi educativi intelligenti e guardali insieme a lui.

SEGRETO n. 6: stimola tuo figlio con giochi mentali e fisici, fallo sorridere, nutri la sua autostima e tieni aperta la sua mente.

Dato che i bambini sono già predisposti a pensare in positivo, come genitore ti basta aiutarli a mantenere un certo atteggiamento positivo e propositivo alla vita. In effetti, il compito sarebbe anche facile, se non ci fosse di mezzo la tendenza di molti adulti a vedere solo il lato negativo delle cose e, di conseguenza, a trasferire a cascata questa negatività all'interno del proprio gruppo famigliare.

Purtroppo, i bambini sono ancora caratterialmente fragili, facilmente influenzabili e la loro forma mentis è facile da plasmare. È difficile spiegare a un bambino che nella vita sarà quello che crede di essere. È difficile fargli capire che il suo modo di pensare influenzerà, nel bene o nel male, tutta la sua vita.

Però posso far leva su di te, sul suo papà o la sua mamma, e provare a convincerti che è proprio così: **noi siamo proprio quello che pensiamo di essere**. Se tu partecipassi a una mia conferenza sull'autostima o a un mio seminario motivazionale, ti sentiresti ripetere che, per cambiare la tua vita, devi prima cambiare il tuo modo di pensare.

Adesso fermati un istante e poniti questa domanda: se tuo figlio crescesse con il principio del pensiero positivo e del sano ottimismo, pensi che avrebbe più o meno opportunità per riuscire nella vita?

Io conosco già la risposta a una domanda retorica come questa: **sì, sicuramente avrebbe molte più opportunità**. E, quanto meno, sarebbe, senza ombra di dubbio, più vaccinato a gestire i tanti problemi che la vita, purtroppo, ci riserva.

Come affermavo all'inizio di questo capitolo, il cervello dei nostri bambini è strutturato per **pensare in positivo**. Come genitore puoi dunque insegnare questo atteggiamento a tuo figlio, senza che lui faccia molto sforzo per apprenderlo, dato che è già programmato per farlo.

Proprio come un decoder della televisione è programmato per registrare il tuo programma preferito (devi solo inserire data, orario e canale), così anche il cervello di tuo figlio è predisposto per registrare i programmi migliori per lui. In questo caso, **devi solo credere che sia fattibile e pigiare il tasto giusto.**

Il vero problema non è insegnare ai nostri figli a pensare in positivo (perché basterebbe evitare di influenzarli e lo farebbero da soli, in automatico), ma cambiare il nostro modo di pensare da adulti.

Siamo noi genitori che, avendo "sporcato" la nostra mente con i tanti virus negativi che la vita ci ha contagiato (errori, paure, timori, fallimenti, giudizi, frustrazioni, sensi di colpa ecc.), dobbiamo fare lo sforzo maggiore. Siamo noi adulti che dobbiamo sforzarci di educare i nostri figli a riconoscere e gestire qualsiasi tipo di emozione.

Senza, però, influenzare il bambino con la nostra "interpretazione soggettiva" di quelle emozioni. Perché sarà proprio la capacità di gestirle che rafforzerà la sicurezza nel bambino e determinerà, a cascata, prima il suo ottimismo per la vita e poi la sua capacità di affrontare i problemi che questa, inevitabilmente, gli porrà.

E ricorda: **quanto più tuo figlio amerà la vita e sarà sicuro di se stesso e delle sue potenzialità, tanto più riuscirà a superare le sue paure e, quindi, i suoi problemi.**

Ma come può un bambino imparare a pensare in positivo, se gli adulti intorno a lui parlano solo di problemi anziché di opportunità? Di cose brutte anziché di cose belle. Di emozioni negative anziché positive. Di cose che non si possono fare anziché di cose realizzabili.

Come può un bambino diventare ottimista, pur restando con i piedi per terra, se in casa sua, un giorno sì e l'altro pure, mamma e papà sono sempre "incazzati neri" col mondo intero e ripetono continuamente che la vita è ingiusta, fatta per i furbi ecc.?

Come può un bambino apprezzare la vita, se i suoi stessi genitori la denigrano continuamente? Potrà, secondo te, un bambino vedere più in là del suo naso e andare alla ricerca delle opportunità che la vita gli offre? O semmai si allineerà alla maggior parte degli individui che vede solo nero e molla prima ancora di cominciare? Cosa farà tuo figlio, secondo te?

È doloroso riflettere su queste cose? Forse, ma sono realista e, siccome sono genitore anch'io e certi errori, probabilmente, li ho fatti prima di te, voglio farti riflettere sul fatto che puoi aiutare tuo figlio a pensare in positivo, a patto che prima cambi il tuo modo di pensare. Perché è il tuo modo di pensare negativo che, pur senza volerlo, influenza tuo figlio.

Comprendo il tuo stato d'animo, la tua paura di sbagliare, il timore di fallire, come adulto prima e come genitore poi. Nessuno ti ha mai insegnato a fare il buon genitore, così come nessuno ti ha mai spiegato che puoi cambiare il tuo modo di pensare. Eppure puoi farlo. Lavorando sodo, puoi farlo.

Sappi che purtroppo non ho nessuna pozione magica da regalarti. Nessuna formula che ti faccia diventare il genitore perfetto. Primo, perché tale formula non esiste; secondo, perché sono dell'avviso che essere perfetti non è possibile. Anzi, proprio perché siamo essere umani, la perfezione non è nel nostro DNA. Possiamo sforzarci di essere migliori, questo sì.

Ecco: **possiamo diventare genitori migliori e, così facendo, aiutare i nostri figli a diventare, dapprima, dei bambini felici e, in futuro, degli adulti più soddisfatti**. Che grande risultato sarebbe, non trovi? Devi solo provarci e, poi, provarci ancora.

Senza avere timore di sbagliare, perché, come affermavo nelle prime pagine, fare il genitore è il mestiere più difficile che esista e lo si può imparare solamente sbagliando. Semmai, tieni a portata di mano questo ebook: ti aiuterà a sbagliare il meno possibile.

SEGRETO n. 7: se vuoi veramente aiutare tuo figlio, devi prima eliminare o ridurre al minimo i virus negativi nella tua mente. Solamente così potrai influenzarlo positivamente.

In chiusura di questo capitolo, parliamo un po' della tua capacità di essere un punto di riferimento. Devi sapere che i bambini **fanno ciò che vedono** e non quello che si dice loro di fare. Ne risulta che il tuo atteggiamento, così come quello dell'altro genitore, è fondamentale.

Hai mai visto una bambina di quattro anni camminare con le scarpe con il tacco alto della madre e atteggiarsi a modella? O un bambino di tre anni prendere qualcosa in mano e passarsela sulla faccia per farsi la barba, proprio come il suo papà? I bambini, imitano più di quanto tu possa immaginare. Anzi, **apprendono per imitazione**.

Proprio questo loro modo di imparare è, al tempo stesso, un vantaggio e uno dei pericoli maggiori. I bambini, infatti, hanno bisogno di punti di riferimento, di guide positive che plasmino nel modo giusto le loro credenze.

Abbiamo detto che il cervello dei bambini è facilmente influenzabile, pertanto, se il loro punto di riferimento in famiglia (può essere sia il padre sia la madre) è negativo, a lungo andare si allineeranno al modo di pensare e di agire del genitore che hanno preso a esempio.

Più in generale, possono verificarsi tre diverse ipotesi:

- il punto di riferimento preso in famiglia (papà o mamma) è positivo;

- il punto di riferimento prescelto è negativo;

- manca totalmente un punto di riferimento all'interno della famiglia (può essere il caso di due genitori che hanno entrambi un carattere debole e remissivo).

Nel primo caso, il bambino prende a esempio uno dei genitori che, forte del suo carattere e della sua personalità, lo guida ad avere un atteggiamento mentale positivo, trasferendogli il concetto del «**Posso se m'impegno**».

Nel secondo caso, com'è facilmente intuibile, il bambino prende come punto di riferimento il genitore con il carattere più forte, ma con una mentalità negativa (potrebbe addirittura avere anche tratti caratteriali aggressivi). Ne consegue che da questo genitore assorbirà il concetto del «**Non c'è nulla di buono nella vita**» o, peggio ancora, «**Quello che c'è bisogna prenderlo con la forza**».

Infine, nell'ultima ipotesi, se il bambino non trova punti di riferimento in famiglia, sarà tentato di cercare un sostituto all'esterno. Potrebbe trovarlo a scuola, nello sport, tra gli amici, negli idoli televisivi, nella sua fantasia ecc. Col rischio che si rifaccia a esempi che potrebbero essere tutt'altro che positivi.

Quest'ultimo aspetto, quello dell'imitazione rivolta all'esterno della famiglia, diventa sempre più vero mano a mano che il bambino cresce e diventa grande e, al tempo stesso, più influenzabile dall'esterno. Dalla società e, in particolar modo, dalla televisione e dai mass media in generale, che ci trasmettono ogni giorno e in abbondanza stereotipi negativi e privi di valori.

Esempi poco edificanti da prendere in considerazione:

- come sia possibile fare soldi facilmente e senza lavorare;
- come lo studio e, ancor di più, la cultura non servano a nulla;
- come si possano ottenere le cose con la violenza;
- come si possa arrivare più facilmente al successo passando attraverso programmi spazzatura.

Sul numero di ottobre 2007 di "Focus", all'interno dell'articolo *L'elettronica ci cambia il cervello* di **Helen Phillips**, capeggiava, ben evidenziata in un rettangolo rosso, la scritta: «I bimbi che guardano più tv riescono a concentrarsi meno. E diventano iperattivi». L'articolo citava poi molte ricerche che dimostravano come basti la visione di mezz'ora di trasmissioni violente per avere pensieri aggressivi. Ecco perché insisto: **spegni la televisione!**

Pur senza voler demonizzare il mezzo televisivo, lo considero comunque uno dei maggiori responsabili del decadimento di valori, di cultura e di morale della nostra società. A mio avviso, quando si accende la tv, dovrebbe prima apparire una scritta del tipo: «Attenzione, nuoce gravemente alla salute». Proprio come accade sui pacchetti delle sigarette.

Naturalmente, non è tutta colpa del mezzo televisivo se quest'ultimo prende il sopravvento all'interno delle famiglie e sostituisce, con i suoi stereotipi falsi, il punto di riferimento mancante. È chiaro che se vengono a mancare le guide positive all'interno della famiglia, il bambino e, in seguito, l'adolescente cercheranno questi punti di riferimento all'esterno.

Allora voglio farti alcune domande: non è forse meglio sforzarsi di essere un buon papà e una buona mamma? Non è forse meglio cercare di dare il massimo per essere un punto di riferimento positivo per i propri figli? Non è forse meglio evitare che i propri ragazzi vadano a cercarsi una guida al di fuori della famiglia?

A tutte le tre domande, la risposta è sempre una sola: sì! Certo che è meglio, ed è proprio per questo che ti invito a dare il massimo per diventare, nel più breve tempo possibile, quella guida positiva di cui tuo figlio ha bisogno. Essere "solo" un genitore non basta: **devi diventare il suo faro, il suo punto di riferimento, il suo mentore.**

Come fare a diventare un punto di riferimento per tuo figlio? Hai un solo modo: **essere coerente con quello che gli dici e quello che fai.** Spesso i genitori a parole dicono una cosa e poi fanno esattamente il contrario.

Comincia a essere coerente con te stesso, comincia subito, senza rimandare a domani. La coerenza ti permetterà di costruire, nel tempo, un rapporto fiduciario con tuo figlio. Egli saprà che potrà fidarsi di te, saprà che potrai essere la sua guida e, anche inconsciamente, ti verrà a cercare. Tra le altre cose, la coerenza è una dote che potrà esserti utile in molte altre occasioni della vita.

SEGRETO n. 8: ricorda che i bambini imitano. Sii un esempio positivo da imitare con il tuo comportamento e diventa un punto di riferimento per tuo figlio.

Esercizio n. 2:

1. Adesso sii onesto con te stesso e quantifica quanto tempo passi, la sera, davanti alla televisione anziché giocare con tuo figlio. So che è impossibile cambiare le proprie abitudini dalla sera alla mattina, pertanto fai così: la prima settimana spegni la tv per almeno dieci minuti ogni sera e passali tutti a giocare con tuo figlio. La seconda settimana aumenta a venti minuti e la terza passa a trenta minuti, in modo da dedicargli, ogni sera, almeno mezzora.

2. Passa i dieci minuti della prima settimana unicamente a giocare con tuo figlio, senza fare alcuna attività particolare che possa stimolare la sua mente.

3. Nella seconda settimana, introduci una serata a tema, con dei giochi particolari, che possano stimolarlo intellettualmente (ce ne sono tantissimi, hai solo l'imbarazzo della scelta!).

4. Nella terza settimana, prevedi una serata dedicata alla lettura, in cui leggerai qualcosa a tuo figlio o, se è in età, lo aiuterai a leggere. In questo modo, oltre a passare più tempo a giocare

con tuo figlio, creerai almeno due appuntamenti alla settimana in cui lo stimolerai intellettualmente.

5. Non serve creare troppi appuntamenti di stimolo intellettuale. A mio avviso i bambini devono giocare: due serate a settimana sono più che sufficienti. Naturalmente se, invece di trenta minuti, riesci o vuoi passare più tempo con tuo figlio, il vostro rapporto potrà solo giovarsene.

RIEPILOGO DEL CAPITOLO 2:

- SEGRETO n. 5: per aiutare tuo figlio a pensare in positivo, evita di scaricare su di lui le tue frustrazioni o aspettative. Piuttosto domandati cosa vuole fare lui.

- SEGRETO n. 6: stimola tuo figlio con giochi mentali e fisici, fallo sorridere, nutri la sua autostima e tieni aperta la sua mente.

- SEGRETO n. 7: se vuoi veramente aiutare tuo figlio, devi prima eliminare o ridurre al minimo i virus negativi nella tua mente. Solamente così potrai influenzarlo positivamente.

- SEGRETO n. 8: ricorda che i bambini imitano. Sii un esempio positivo da imitare con il tuo comportamento e diventa un punto di riferimento per tuo figlio.

CAPITOLO 3:

Come alimentare la sua autostima

A giugno del 2010, ricevetti l'email di una mamma, Lucia, che, preoccupata per la sua bambina, mi chiedeva di aiutarla a far crescere l'autostima in sua figlia.

Senza entrare nel dettaglio dell'email (anche per salvaguardare la privacy di Lucia), riporto una parte del testo: «Gentile Giancarlo, ho una bambina di sei anni e mezzo che è molto timida e, anche se i risultati a scuola sono ottimi, ha sempre il terrore di sbagliare. Quali sono i comportamenti da tenere per incrementare la sua autostima e quali gli errori da evitare? Mi può consigliare un libro adeguato in merito? La ringrazio anticipatamente. Lucia».

Devo ammettere di aver ricevuto molte altre email di questo tenore. Se pure le parole erano diverse, il significato delle domande era sempre lo stesso: «**Come posso alimentare l'autostima in mio figlio?**» Forse è proprio per questo che ho deciso di scrivere questo ebook, per aiutare le molte mamme che, come Lucia, hanno questo problema.

A suo tempo le risposi personalmente con un'email e, in seguito, anche pubblicamente sul blog che ho dedicato al pensiero positivo. Lo trovi a questo link. Visitalo, magari scopri informazioni utili anche per te.

Ecco quello che scrissi a Lucia nel giugno del 2010: «Cara Lucia, per prima cosa permettimi di farti notare che un bambino si comporterà sempre secondo le aspettative degli altri, specialmente delle persone che vivono intorno a lui e che hanno autorità su di lui. Quindi, se ti sei accorta di aver chiesto troppo alla tua bambina (o pensi l'abbia fatto tuo marito), se pensi di aver avuto delle aspettative un pò troppo alte, comincia col fare un piccolo passo indietro e cerca di farle capire che deve stare tranquilla, che non succede nulla se a scuola non prende sempre tutti dieci.

Premesso questo, direi che puoi cominciare ad aiutare la tua bambina a far cresce l'autostima dentro di sé in questi tre modi:
1. **Evita di rimproverarla, anche se sbaglia**. Falle capire che

sbagliare non è grave e che, anzi, è fondamentale per imparare qualcosa di nuovo. Magari raccontale come anche tu e tuo marito, pur avendo sbagliato tante volte, avete imparato tantissimo dai vostri errori.

2. **Ricordale costantemente che le vuoi bene e che hai fiducia in lei**. Quando fa qualcosa di buono, dille subito brava e, quando sbaglia qualcosa, tranquillizzala e dille di non preoccuparsi, che sei certa che la prossima volta andrà meglio.

3. **Tutte le sere, quando sta per addormentarsi, dille che sei fiera di lei**. Sussurrale nell'orecchio che sai che diventerà sempre più brava e che deve stare tranquilla, perché durante la notte la fiducia crescerà sempre più dentro di lei.

Prima che la bambina si addormenti, lavora sul suo inconscio e aiutala a crearsi un'immagine positiva di se stessa. Per esempio: se vuole diventare una ballerina, ripetile che da grande diventerà una bravissima ballerina. Che la vedi già danzare con allegria e con il sorriso, bellissima nel suo tutù rosa.

Più la stimoli ad avere un'immagine positiva di sé, più la sua autostima crescerà e si rafforzerà. Infine, ricordati che è fondamentale che tu e tuo marito abbiate un atteggiamento coerente e comune con la bambina. Se tu motivi la bambina e lui, invece, le fa solo notare gli errori (o viceversa), create in lei solamente maggior confusione e, di conseguenza, la portate ad avere scarsa fiducia in se stessa.

Tu e tuo marito dovete dare **amore incondizionato** alla vostra bambina, indipendentemente dalle vostre aspettative. Dovete amarla per quello che è e non per quello che vorreste che fosse.

Un libro da leggere? Semplice, *PNL con i bambini* di **Eric De La Parra Paz**, il più bel libro che abbia mai letto su come comportarsi per far crescere la sicurezza e la fiducia nei bambini. Un libro che ogni genitore con figli sotto i dieci/dodici anni dovrebbe leggere almeno tre volte. Un grande abbraccio e spero di esserti stato di qualche utilità».

Scrissi questa email a Lucia il 28 giugno del 2010. Sono passati esattamente quindici mesi da oggi che sto terminando di scrivere questo ebook. Detto questo, andiamo a vedere, nel dettaglio, i tre consigli che diedi a Lucia per aiutarla ad alimentare l'autostima in sua figlia. Sono consigli molto semplici, pratici e di facile applicazione e posso garantirti che funzionano.

Mai rimproverare tuo figlio se sbaglia

Eric De La Parra Paz, nel suo bellissimo libro, afferma testualmente: «Il valore di un bambino non è in quello che fa». Il fatto stesso che il bambino ci provi, tenti di fare quella determinata cosa è già di per sé un valore implicito. Se sbaglia, se fallisce… pazienza!

È bene evitare d'infierire sul bambino, magari prendendolo in giro o punendolo per chissà quali colpe o mancanze. Credo che un genitore che si comporta così non sia un buon genitore e non aiuti per nulla il proprio figlio a crescere e ad acquisire sicurezza in se stesso. Anzi, è proprio in questo modo che annientiamo l'autostima di un bambino, facendogli continuamente notare che ha sbagliato, rimproverandolo, magari infierendo su di lui di fronte ad altre persone.

No, mi dispiace. Agendo in questo modo ottieni solamente il risultato di umiliare tuo figlio e di pestare sotto i tacchi la sua autostima. Piuttosto, insegna a tuo figlio a crescere, ricordagli che la crescita passa anche attraverso l'errore.

Tu non hai mai sbagliato? Certo che sì. Quindi, fagli capire che sbagliando s'impara e che è del tutto normale che un bambino della sua età commetta degli errori.

Voglio che tu legga con particolare attenzione queste righe, tratte da *La mente milionaria* di **Thomas J. Stanley**. «La maggioranza dei milionari self-made non è cresciuta sotto pressione nell'ambiente familiare. In tal modo, i bambini che sono diventati adulti economicamente di successo non si sono mai sentiti dire dai genitori:

- «Con questi voti non diventerai mai qualcuno»;
- «Se non prenderai voti alti a scuola, finirai per essere un perdente».

I genitori di individui economicamente di successo sono molto più positivi. Il sostegno e i suggerimenti costruttivi dei genitori hanno fornito un fondamento per la corazza dei figli, e questi genitori non hanno mai costruito barriere psicologiche contro il successo futuro nella mente dei figli. I loro padri non li hanno ingiuriati e i loro genitori non hanno fatto pressione costantemente su di loro perché eccellessero, eccellessero, eccellessero, attraverso imbeccate negative».

Anche se in assurdo, come genitore, tu non ambissi a far diventare tuo figlio un milionario, sono certo che comprendi quanto sia importante la sua serenità. Quanto sia fondamentale che sappia che non casca il mondo se sbaglia qualcosa o se fallisce in qualche intento. Anzi, ha il tuo continuo supporto. Ha il tuo appoggio incondizionato, ha il tuo amore.

Ricorda a tuo figlio che gli vuoi bene
Ne ho già parlato nelle pagine iniziali del primo capitolo, ma di questo non si discute mai abbastanza. Pertanto, eccomi nuovamente, anche se brevemente, a ricordarti di dire a tuo figlio: «**Ti voglio bene**».

Troppo spesso diamo per scontato che i nostri figli sappiano quanto bene vogliamo loro, ma un bambino ha un bisogno fortissimo di sentirselo ripetere. Come ho già spiegato a Lucia, quando tuo figlio fa qualcosa di buono (qualunque cosa, anche quella che tu reputi rientri nella normalità), digli subito che è bravo. Quello che a te può sembrare un banale riconoscimento, per tuo figlio può essere importante e, soprattutto, può infondergli sicurezza.

Giorno dopo giorno, nutrirà la sua autostima di «Bravo», «Evviva», «Bravissimo», «Dai che puoi farcela» ecc. Giorno dopo giorno si sentirà sempre più sicuro e fiducioso dei suoi mezzi.

Nel libro di **Eric De La Parra** (perdonami se lo cito spesso, ma è semplicemente splendido), c'è chiaramente scritto che i bambini che hanno ricevuto tanti elogi e amore incondizionato dai genitori, quando diventano adulti, non hanno più bisogno di dipendere dall'approvazione delle persone che hanno intorno.

Pensa a quanto questo aspetto sia importante per tuo figlio: **renderlo indipendente dal giudizio degli altri, quando sarà grande**. Immagina tuo figlio tra vent'anni: pieno di complessi, bisognoso costantemente dell'approvazione delle persone che lo circondano. È questo che vuoi per lui? No, vero? Allora, approfittane quando è piccolo per prenderlo in braccio, guardarlo negli occhi e dirgli: «Papà/mamma, ti vuole bene. Voglio che tu lo sappia». Poi stringilo forte a te e dagli un bacio di quelli che fanno smack.

«Lo stimolo intellettivo e le cure dei genitori influiscono in maniera molto diversa sullo sviluppo dei piccoli. Un ambiente ricco di stimoli intellettuali favorisce lo sviluppo linguistico, mentre sulla capacità mnemonica ciò non esercita alcuna influenza. Con il calore familiare accade il contrario: esso non influenza le capacità linguistiche, ma è rilevante per quanto riguarda le capacità di ricordare. All'aumentare delle attenzioni da parte dei genitori si accompagna infatti una maggior capacità mnemonica» (da *Povera infanzia*, lo splendido articolo di **Christian Wolf**, tratto da "Mente & Cervello", marzo 2010).

SEGRETO n. 9: insegna a tuo figlio a non aver paura del fallimento e a crescere imparando dai suoi errori; ripetigli continuamente che gli vuoi bene.

Naturalmente, questo non significa che al bambino non possa esser detto qualche no! Un no ogni tanto, soprattutto se giustificato, rafforza il carattere del bambino e lo aiuta a crescere sano.

Stimola l'inconscio di tuo figlio

Leggi con particolare attenzione questa frase di **Eric de La Parra Paz**, sempre tratta dal bellissimo libro di cui ti ho già parlato numerose volte in questo ebook: «L'auto immagine è il ritratto che i vostri figli hanno di se stessi nella loro mente. Questa immagine non si forma da un giorno all'altro, ma si costruisce nel tempo, pezzo per pezzo. Il compito di motivare i figli ad avere successo consiste in definitiva nel lavorare all'immagine che hanno di se stessi in ogni aspetto della loro vita».

Ciò significa che, in quanto genitore, hai una grandissima responsabilità: **aiutare tuo figlio a creare la sua auto immagine**. Dipende da te se il bambino costruirà un'immagine di se stesso vincente o perdente. Così come dipende da te se tuo figlio sarà sicuro di sé oppure timoroso e pieno di paure.

Uno degli strumenti più potenti per rafforzare l'autostima di tuo figlio è quello di lavorare sul suo inconscio. Devi sapere che uno studio condotto tra il 1962 e il 1965 dal dott. George Armitage Miller, uno dei fondatori e massimi esponenti storici della psicologia cognitiva, dimostrò qualcosa di sconvolgente: **che il conscio degli esseri umani riesce a eseguire soltanto da tre a sette operazioni simultaneamente, l'inconscio molte, moltissime di più.**

Tanto per darti un'idea della sua importanza. L'inconscio regola tutta la fisiologia di tuo figlio (ma anche di ogni altro essere umano): la respirazione, la sudorazione, il battito cardiaco, i processi ormonali, i processi ghiandolari, il funzionamento dei reni, la circolazione del sangue ecc. Inoltre, controlla anche il suo sistema immunologico e le sue emozioni.

Dallo studio del dottor Miller nasce la famosa formula che vuole che il **5%** del cervello sia guidato dalla parte **conscia** (emisfero sinistro), mentre il **95%** dalla parte **inconscia** (emisfero destro). Ma ti rendi conto di quanto sia potente?

Paul McKenna, il più famoso ipnoterapeuta d'Inghilterra, afferma testualmente: «L'inconscio costituisce l'area predominante della nostra mente. È capace di elaborare milioni d'informazioni sensoriali ogni secondo e contiene tutto il nostro mondo, i ricordi e l'intelligenza; è la fonte della creatività e, forse ciò che soprattutto importa ai nostri fini, immagazzina e gestisce tutti i "programmi" di comportamento automatico che si usano per vivere ogni giorno».

E aggiunge: «Non si può avere la meglio sulla programmazione inconscia con argomenti razionali e nemmeno lavorandoci a fondo; soltanto con l'applicazione creativa dell'immaginazione, riuscirete a riprogrammare la mente» (tratto da *Posso farti diventare ricco*).

Ma perché è fondamentale nutrire l'inconscio di tuo figlio? Perché il cervello del tuo bambino (così come quello di ogni essere umano) è un sistema binario; lui, tu e io, siamo l'esatta sommatoria di tutti i pensieri e di tutte le parole che, giorno dopo giorno, pensiamo e ci diciamo.

Dato che è impensabile spiegare a tuo figlio come può alimentare la sua mente (è ancora "acerbo" e difficilmente capirebbe), è opportuno che questo lavoro lo faccia tu, per lui.

Sei pronto? Bene, allora poniti questa domanda: **è possibile nutrire ogni giorno l'inconscio di mio figlio con pensieri positivi**, belle immagini di se stesso, frasi motivanti, parole d'amore ecc.? La risposta è: sì! Altrochè se è possibile nutrire l'inconscio di tuo figlio con pensieri positivi! Devi solo avere voglia di fare quello che ho suggerito a Lucia e ripetere all'orecchio di tuo figlio, dopo che si è addormentato, tante cose belle.

Nelle pagine seguenti troverai dei mantra già pronti (che dovrai solo personalizzare con il nome di tuo figlio), che potrai ripetere tutte le sere al tuo bambino, dopo che si sarà addormentato. Attendi cinque/dieci minuti da quando il bambino si è messo a letto (in modo da sfruttare la fase di dormiveglia), poi sussurragli delicatamente all'orecchio sinistro uno dei mantra che ti ho suggerito o le parole che tu stesso sceglierai.

Lavorare con dei mantra sull'inconscio dei bambini (ma anche degli adulti) funziona. Il problema principale è che c'è **bisogno di costanza**, molta costanza, nel ripetere l'esercizio tutte le sere. Più lo ripeterai, più la frase o il mantra si fisserà nell'inconscio di tuo figlio.

Naturalmente, do per scontato che tu sia un genitore responsabile e voglia usare questa tecnica per guidare positivamente l'inconscio di tuo figlio. Quindi fa' un giusto uso dello strumento del mantra ed evita di usarlo per inculcare nel bambino le tue personalissime aspettative su di lui. Saresti un pessimo genitore e tuo figlio, da grande, te lo rinfaccerebbe.

Nel prossimo paragrafo troverai alcuni mantra che puoi usare per nutrire la mente di tuo figlio. Volendo, puoi anche registrarli due/tre volte di seguito in un lettore Mp3, poi far addormentare tuo figlio con la cuffietta nell'orecchio sinistro e, dopo un po', far partire la registrazione. Oppure, ancora meglio, registrare di seguito due o tre mantra diversi tra loro, che lavorino in sinergia, rafforzando l'effetto positivo.

Mantra per creare autostima in un bambino

Da ripetere a turno tra i genitori (in modo che il bambino possa sentire sia la voce del padre che della madre), la sera dopo che il piccolo si è addormentato, recitandoli con voce dolce e gentile all'orecchio sinistro e cadenzando bene le parole. Al posto di Giulio mettere il nome del proprio figlio.

«Buona notte Giulio, dormi bene. Papà e mamma ti vogliono molto bene e sanno che tu sei un bambino sicuro, nello sport, nello studio e anche nella vita di ogni giorno. Dormi bene, Giulio. Il tuo sistema immunologico rinnova il tuo corpo e domani mattina, quando ti alzerai, ti sentirai più sicuro di te e di quello che sei capace di fare.

Buona notte Giulio, sogna di essere un bambino felice, pieno di entusiasmo, pieno di autostima e capace di stare in mezzo agli altri. Buonanotte Giulio, dormi bene. Domani mattina, quando ti sveglierai, sarai pieno di energia e di sicurezza. Hai piena fiducia delle tue capacità, sei sicuro di te stesso. E affronterai la giornata pienamente convinto delle tue capacità.

Dormi bene Giulio e sogna di essere un bambino felice, sogna di essere un bambino sicuro di se stesso. Perché tu, Giulio, sei un bambino sicuro di te. Buona notte Giulio, dormi bene. Papà e mamma ti vogliono molto bene».

Mantra per bambini che hanno problemi di sonno
Da ripetere nello stesso modo del precedente. Anche in questo caso, sostituire il nome di Giulio con quello del proprio figlio.

«Buona notte Giulio, dormi bene. Riposa tutta la notte, riposa bene. E mentre il tuo inconscio ascolta queste mie parole, cominci sempre più a sentire il tuo corpo rilassato, completamente rilassato. Riposa tranquillo Giulio, riposa tutta la notte. Il tuo sistema immunologico rinnova il tuo corpo e domani mattina, quando ti alzerai, ti sentirai riposato, calmo e più sicuro di te e di quello che sei capace di fare.

Buona notte Giulio. Sogna di riposare tranquillo per tutta la notte e mentre il tuo inconscio ascolta queste mie parole, Giulio, riposa tranquillo. Riposa tranquillo Giulio, dormi bene e riposa tranquillo tutta la notte.

Dormi bene Giulio e sogna di riposare tranquillo per tutta la notte. Perché Giulio sta riposando in maniera tranquilla. Giulio riposa per tutta la notte».

Mantra per bambini che fanno ancora la pipì a letto
Da ripetere nel solito modo.

«Buona notte Giulio, dormi bene. Il tuo sistema immunologico rinnova il tuo corpo e tiene sotto controllo ogni tuo stimolo. Dormi bene Giulio, dormi tranquillo. Trattieni la pipì, Giulio, trattieni la pipì dentro di te. Domani mattina, Giulio, quando ti alzerai, corri subito in bagno a farla.

Sogna Giulio, sogna di passare tutta la notte senza fare la pipì a letto, perché tu sei bravo e quando senti lo stimolo di fare la pipì, la trattieni. Buonanotte Giulio, domani mattina ti alzerai e correrai in bagno, a svuotare la vescica, perché tu sei bravo, Giulio, e durante la notte hai trattenuto la pipì.

Trattieni la pipì, Giulio, trattieni la pipì dentro di te. Buona notte Giulio, lasciati guidare dalle mie parole. Riposa tranquillo, perché sei sempre più bravo a trattenere la pipì. Buona notte Giulio e ricorda: domani mattina, appena ti alzi, corri subito in bagno a fare la pipì».

Come ti spiegavo nelle pagine precedenti, il mantra lavora sull'emisfero destro del tuo bambino, dandogli dei comandi che lui percepirà non a livello cosciente, bensì inconscio. Piano piano questi comandi, o l'immagine che andrai a costruire in tuo figlio, si fisseranno dentro di lui e, in automatico, guideranno il bambino. Ecco perché, lo ripeto ancora, il senso del messaggio **deve essere unicamente positivo**.

Naturalmente, puoi costruire dei mantra per qualsiasi esigenza. Io ti ho fatto i tre esempi che mi sono stati richiesti più volte e che io stesso ho usato. Ma, seguendo questo schema e cambiando il soggetto, puoi crearne di infiniti.

Inoltre, se preferisci, al posto dei mantra puoi usare anche delle brevi frasi. Eccone alcune:

- «Buona notte Giulio, riposa bene. Mamma e papà ti vogliono tanto bene».

- «Buona notte Giulio, mamma e papà sanno che tu sei un bambino buono e ti vogliono tanto bene».
- «Buona notte Giulio, tu sei un bambino vincente e mamma e papà ti vogliono tanto bene».
- «Buona notte Giulio, tu sei un bambino pieno di voglia di vivere e sicuro di te stesso. Mamma e papà ti vogliono tanto bene».
- «Buona notte Giulio, domani mattina ti alzerai sicuro di te e prenderai un bel voto a scuola. Mamma e papà ti vogliono tanto bene».
- «Buona notte Giulio, mamma e papà ti vogliono tanto bene e sanno che sei un bambino felice e pieno di vita».

Gregory Bateson, che non era solo un antropologo, bensì un grande uomo di scienza e cultura (sociologo, psicologo, esperto di cibernetica), amava ripetere: «Mediante ciò che pensiamo e il modo in cui parliamo, possiamo trasformare la nostra vita. L'inconscio si può programmare e in pratica è quello che facciamo tutti i giorni».

Come ti dicevo, è difficile spiegare a un bambino piccolo che deve pensare e parlare in un certo modo, ma tu hai sicuramente compreso quanto sia fondamentale pensare in positivo e ripetersi ogni giorno delle frasi stimolanti e motivanti.

Così facendo, aiutiamo la nostra mente a "crederci al posto nostro". Con la costanza e la ripetizione, la credenza si fissa dentro di noi e cambia la nostra esistenza, in meglio. Sono certo che saprai programmare l'inconscio di tuo figlio nel migliore dei modo, per aiutarlo a diventare un bambino felice.

SEGRETO n. 10: puoi nutrire l'autostima di tuo figlio ripetendogli tutte le sere, nell'orecchio sinistro, un mantra o delle frasi positive che rafforzino la sua fiducia.

Ed eccoci all'ultimo suggerimento per aiutarti ad alimentare l'autostima di tuo figlio. In realtà, più che una strategia, è una vera e propria raccomandazione: **ama tuo figlio per quello che è, non per quello che tu vorresti che fosse**.

Com'è scritto anche su molti libri di psicologia infantile, una delle cause che determinano scarsa autostima nei bambini è il fatto che i genitori li privano di un amore "vero", non mediato da aspettative adulte e condizionamenti di vario tipo. Quello che **Eric De La Parra Paz** chiama: «mancanza di amore incondizionato da parte dei genitori».

Ricordo che, quando accompagnavo i miei figli, Sebastian e Mattia, alle gare di nuoto, mi capitava talvolta di assistere a scene peggiori di quella del bambino sul treno, che ti ho raccontato all'inizio del primo capitolo.

Genitori che, a fine gara, dagli spalti urlavano di tutto ai propri figli (bambini di sette, otto, nove anni), solo perché si erano piazzati tra gli ultimi o comunque non avevano vinto. Cose che è meglio non ripetere, ma più o meno avevano tutte a che fare con un concetto del genere: «Dato che non hai vinto, non ti voglio più bene».

Naturalmente, le espressioni usate erano molto più colorite e, come papà, mi sono più volte vergognato per quei genitori che insultavano e facevano piangere i loro figli davanti a tutti, solamente perché non avevano vinto una banale gara provinciale.

Quando i genitori collegano il loro amore alla vittoria in una gara di nuoto, al segnare un goal in una partita di calcio, al prendere dieci nel compito in classe o al fatto di non fare capricci, non si rendono conto che stanno inviando un segnale al proprio figlio che dice pressappoco così: «Se ti comporti bene, se fai quello che io ti dico, se non mi fai arrabbiare, papà/mamma ti vuole bene».

Ma io dico, sei impazzito per caso? Che cavolo di genitore sei? Come puoi collegare l'amore per tuo figlio al fatto che faccia o meno delle cose per te? Che sia o meno come tu vorresti che fosse? Lo sai che cosa puoi ottenere con questo tuo comportamento? Nulla di tutto ciò che ti aspetti, ma sicuramente un forte disagio in tuo figlio.

Disagio che aumenterà tanto più quanto più tu ti ostinerai a collegare l'amore per il tuo bambino a situazioni del genere. Disagio che potrebbe anche portare tuo figlio a non sentirsi degno del tuo amore e in seguito, crescendo, a non sentirsi proprio degno d'amore. Di nessun tipo di amore. Così facendo creerai in lui solo ansia e stress. Lascia che ti dica che stai commettendo un errore gravissimo. Un errore che tuo figlio, crescendo, pagherà caro.

Gli studi degli psicologi e degli psicoterapeuti sono infatti pieni di adulti costretti a ricorrere all'analisi per superare il trauma dell'amore negato loro durante l'infanzia. È questo che vuoi per tuo figlio?

Visto che hai acquistato questo ebook e ti sei dato da fare per leggere sino a qui, sono assolutamente convinto che sei un genitore responsabile e che vuoi una vita felice per il tuo bambino. Allora, fai tuo il seguente segreto, forse il più importante di tutto l'ebook.

SEGRETO n. 11: impara ad amare tuo figlio per quello che è oggi, non per quello che vorresti che fosse domani. Donagli il tuo amore senza alcuna condizione e, anzi, fagli continuamente sapere che lo ami.

Esercizio n. 3:

Prenditi trenta minuti tutti per te, un blocco e una penna e rispondi con onestà a queste tre domande.

1. Sono solito rimproverare mio figlio quando sbaglia?
   - Se hai risposto di sì, stai tranquillo, appartieni alla maggior parte dei genitori. Allora domandati cosa puoi fare, a partire da adesso, per evitare, o comunque ridurre, le tue critiche. Metti per iscritto la tua strategia, proprio ora.
   - Se hai risposto di no, complimenti, continua a comportarti in questo modo.

2. Quante volte, oggi, hai detto a tuo figlio «Ti voglio bene»?
   - Se oggi glielo hai detto almeno in tre occasioni diverse, complimenti e continua a dirglielo.
   - Se invece oggi non glielo hai ancora detto, smetti di leggere, chiama tuo figlio e diglielo subito. Dopo che lo avrai fatto, ti sentirai decisamente meglio e potrai fare una

promessa a te stesso: «Ogni mattina e ogni sera, dirò a mio figlio che gli voglio bene».

3. Sono solito nutrire l'inconscio di mio figlio con pensieri positivi?

- Se hai risposto di sì, complimenti vivissimi, appartieni a una rara percentuale di genitori quasi perfetti.

- Se hai risposto di no, stai tranquillo, appartieni alla quasi totalità dei genitori, tra cui c'ero anch'io, prima di imparare certe cose sulla mente umana. Anziché disperarti, comincia a scrivere cinque cose che vorresti dire all'orecchio di tuo figlio. Cinque frasi positive, che possano aiutarlo a essere più sicuro di se stesso. Scegline una, quella che pensi sia la migliore o la più utile per lui in questo momento, poi aspetta che si sia addormentato e sussurragliela all'orecchio sinistro. Questa sera fallo tu, domani sera fallo fare all'altro genitore e poi invertitevi i ruoli per almeno tre mesi.

RIEPILOGO DEL CAPITOLO 3:

- SEGRETO n. 9: insegna a tuo figlio a non aver paura del fallimento e a crescere imparando dai suoi errori; ripetigli continuamente che gli vuoi bene.

- SEGRETO n. 10: puoi nutrire l'autostima di tuo figlio ripetendogli tutte le sere, nell'orecchio sinistro, un mantra o delle frasi positive che rafforzino la sua fiducia.

- SEGRETO n. 11: impara ad amare tuo figlio per quello che è oggi, non per quello che vorresti che fosse domani. Donagli il tuo amore senza alcuna condizione e, anzi, fagli continuamente sapere che lo ami.

CAPITOLO 4:

Come aiutarlo a diventare un vincente

I bambini hanno una grande risorsa che molti adulti perdono nel corso della loro vita: **ogni giorno sono in grado di restare "a bocca aperta" di fronte a qualcosa che non conoscono, d'incantarsi di fronte alle meraviglie della natura o della vita stessa**. Proprio per questo motivo hanno un cervello più sveglio.

Il grande scienziato Albert Einstein amava ripetere: «Se non sei in grado di provare né stupore né sorpresa sei per così dire morto, i tuoi occhi sono spenti». Proprio all'inizio della sua pagina di presentazione su "Wikipedia", viene citata una sua frase molto significativa: «Non ho particolari talenti, sono solo appassionatamente curioso».

«Appassionatamente curioso», proprio come i bambini. Dunque, la curiosità, unita allo stupore, alla continua capacità di meravigliarsi, diventa una forma di plasticità mentale che permette a tutti i bambini di ogni età (finché restano tali) d'interessarsi continuamente a cose nuove, di domandare sino allo sfinimento (degli adulti), di apprendere come una spugna.

Non ricordo dove, in internet o su qualche rivista di quelle che acquisto abitualmente, ma ho letto che, quando un bambino rimane a bocca aperta davanti a una situazione imprevista, il suo cervello, dall'emozione, rimane quasi stordito.

Si accende il sistema dell'attenzione (che ha sede nel tronco cerebrale) ed è allora che l'emozione iniziale diventa stimolo a conoscere sempre di più: in pratica, quella che io chiamo "fame di apprendere". Peccato che più i bambini diventano grandi, più la loro fame di apprendere diminuisce.

Sono dell'avviso che un bambino che rimane meravigliato per qualcosa che ha colpito la sua attenzione è motivato a imparare molto più in fretta rispetto ai normali tempi di apprendimento. È come se la sua curiosità amplificasse e velocizzasse la sua voglia e capacità di apprendimento.

Ne approfitto per ricordare a tutte le mamme e papà che stanno leggendo questo ebook che è comune in molti scienziati l'idea che, se gli adulti fossero curiosi come i bambini e tornassero a stupirsi un po' più spesso, anche i loro cervelli sarebbero molto più svegli ed elastici.

Da ciò nasce una mia personale ed "egoistica" considerazione: **che, in fondo, aiutare i bambini a mantenere questa voglia di meravigliarsi e di stupirsi può solo fare del bene anche a noi adulti**.

Ho fatto questa premessa perché ritengo che i bambini siano già predisposti, geneticamente, a diventare dei vincenti. Il modo con cui osservano il mondo che li circonda, la loro tendenza a farsi continuamente delle domande, l'attenzione che mettono nello scoprire le cose, i limiti mentali che non conoscono assolutamente e la capacità che hanno di stupirsi in continuazione sono, di per sé, sinonimo di successo.

Il problema, tanto per cambiare, sono gli adulti. Che piombano nella loro vita spensierata, fatta di stupore e continue novità, e, con eccesso d'autorità, intervengono per mettere dei limiti dappertutto:

- limiti nel parlare, stabilendo i momenti in cui possono farlo (quando c'è la partita è chiaramente un momento tabù);

- limiti alle domande e ai momenti in cui le possono fare (quando stiamo guardando il telegiornale, è chiaramente un altro momento tabù);

- limiti persino alle risposte che possono avere (più sono corte, meno tempo perdiamo);

- limiti alle cose che possono fare («Questo no, questo no, quest'altro no»);

- limiti ai giochi che possono fare e usare («A calcio in giardino non si gioca». Ma allora a cosa serve il giardino? Per le rose della nonna, è chiaro);

- limiti alle amicizie che possono coltivare («Con quel bambino è meglio che non ci giochi»);

- limiti alle loro credenze, contagiandoli con delle convinzioni che fino a quel momento non avevano («Questa cosa non puoi farla, non ci riuscirai mai, lascia perdere, non ne sei capace»: questo è forse l'azione peggiore, perché lavora sulle loro menti, creando i famosi limiti mentali).

Ho esagerato con i limiti? Sono stato troppo ironico? Forse sì, ma era per farti capire come possa essere difficile la vita di un bambino, che passa da un limite a scuola a un limite in famiglia, per tornare il giorno dopo a un nuovo limite a scuola.

Vorrei evitare che tu pensassi che io sia dell'avviso di lasciar fare ai bambini tutto quello che passa loro per la testa. No! I bambini hanno anche bisogno di sentirsi dire di no. Ma sii onesto: quante volte hai posto a tuo figlio dei limiti che avresti tranquillamente potuto evitare?

Purtroppo, io non sono stato esente da errori e riconosco pubblicamente di aver sottoposto prima Sebastian e poi Mattia a dei limiti assurdi, stupidi e banali. Col senno del poi (ma qui siamo tutti esperti), non vieterei più certe cose ai miei figli.

Allora, lasciamo per una volta da parte i limiti e concentriamoci su alcune strategie che possono aiutare tuo figlio a diventare un vincente. Bada: nessuna di queste prevede dei limiti; sono tutte idee che motivano il bambino e lo spingono a osare.

La musica apre la mente

Se sei una neo mamma o un neo papà, questo primo suggerimento ti sarà molto utile. Leggendo la rivista "OK La salute prima di tutto", mi sono imbattuto in un piccolo, quanto interessante, articolo di **Ottavio Giacobbe**, che parla di Mozart e di come i bambini prematuri crescano bene con la sua musica.

È un dato di fatto: **la musica aiuta i bambini a crescere bene e positivamente**. In particolar modo, nell'articolo di Giacobbe, si parlava del famoso *Flauto Magico* di Mozart, che, si dice, faccia bene ai neonati prematuri.

Veniva citato uno studio dell'**Università di Tel Aviv**, in Israele, secondo il quale i bebè nati prima dei nove mesi tendono ad acquisire più velocemente peso, se cullati nientemeno che dalle note del *Flauto Magico* di **Mozart**. Cosa che invece non succede se ascoltano Bach o Beethoven (con tutto il rispetto per questi due grandi compositori!).

L'articolo continuava citando la rivista americana Pediatrics, sulla quale alcuni ricercatori hanno spiegato che l'aumento di peso è la conseguenza dell'azione rilassante della musica: «Con le note del genio austriaco, i neonati si agitano meno, si rallenta il loro metabolismo e si riduce il dispendio di energie».

Alla soglia dei cinquant'anni sono un po' vecchietto per avere un terzo figlio, ma se fossi un neo papà, **sin dai primi mesi in cui mia moglie è incinta, cullerei il suo pancione** e farei ascoltare a mio figlio, seppur ancora feto, la musica di Mozart. Oggi, con un paio di cuffiette sulla pancia e un buon mp3, è possibile fare questo e altro (gli americani insegnano).

Ogni volta che apprendo una notizia nuova di questo genere, mi chiedo se e come sarebbero cresciuti meglio i miei due ragazzi, Seba e Mattia. Non lo saprò mai, non lo sapremo mai. Ma, se quando i miei figli erano piccoli queste tecniche non si conoscevano, tu, in questo preciso momento, le stai apprendendo.

Fanne buon uso! Inoltre, indipendentemente dal fatto che un bambino possa nascere prematuro o meno, credo che sia molto intelligente utilizzare la musica, e in particolar modo le note di Mozart, come sottofondo nella sua stanza per il riposo.

Se ti sei stupito e meravigliato per la notizia che hai appena letto, reggiti forte, perché stai per leggerne una ancora più fantastica. Su quello stesso numero di "OK La salute prima di tutto", a firma dello stesso giornalista, **Ottavio Giacobbe**, faceva bella mostra di sé quest'altro titolo: *Musica, bambini più intelligenti già dopo un anno di lezioni.*

Riporto l'articolo pari pari, perché molto bello e meritevole di essere letto nella sua completezza. Tra l'altro, nel pezzo, sono citate anche due ricercatrici italiane, a testimonianza del fatto che anche noi italiani abbiamo delle eccellenze.

«Vostro figlio manifesta un certo interesse per la musica? Mandatelo a scuola di pianoforte. Basta poco più di un anno per potenziare il suo cervello. È questa, in sintesi, la scoperta di un gruppo di ricercatori canadesi e statunitensi, che hanno controllato l'attività cerebrale di due gruppi di bambini di sei anni, attraverso una particolare risonanza magnetica funzionale.

«Il risultato dello studio, pubblicato sul Journal of Neuroscience, non lascia dubbi», spiega Elvira Brattico, ricercatrice barese in neuroestetica e in neuroscienze affettive e cognitive, all'**Università di Helsinki**, in Finlandia.

«Il gruppo di bambini che per 15 mesi aveva frequentato un corso di piano, presentava uno sviluppo più marcato della corteccia motoria primaria destra (responsabile del controllo dei movimenti della mano sinistra), del corpo calloso (cioè le fibre nervose che connettono un emisfero all'altro) e della corteccia uditiva primaria destra, responsabile dell'elaborazione dei suoni musicali».

Questi cambiamenti nel cervello rappresentano la conferma biologica a quanto già era stato esaminato in altre ricerche scientifiche. «Suonare uno strumento favorisce lo sviluppo di molte attività cognitive, anche quelle non strettamente connesse con la musica», spiega Luisa Lopez, che dirige l'ambulatorio di neuropsichiatria infantile, presso il Centro per le disabilità di sviluppo **Eugenio Litta di Grottaferrata** (Roma), e cura il progetto "Neuroscienze e musica" della **Fondazione Mariani** di Milano.

Da uno studio condotto su scolari di sei anni dall'**Università di Toronto** (Canada) e pubblicato sulla rivista Psychological Science, è emerso come nei bambini che avevano frequentato lezioni di piano, per un anno, il quoziente intellettivo superava di circa il 10% quello dei coetanei non avvezzi alla pratica musicale.

A risultati analoghi è giunta una ricerca dell'**Università di Harvard** (USA) condotta su ragazzini fra gli otto e gli undici anni e pubblicata sulla rivista Plos One. Chi aveva studiato piano o uno strumento a corde, ha ottenuto punteggi migliori in test di valutazione di abilità verbale e ragionamento spaziale rispetto agli altri».

Volevo segnalarti inoltre che la Dottoressa Lopez è un'esperta di dislessia. Sperando che tuo figlio non abbia mai problemi del genere, se hai esigenza di saperne di più, puoi scaricare un documento molto interessante, che ti permetterà di conoscere meglio la dislessia, da questo link.

Dopo una tale carrellata di informazioni, ti sarai reso conto che la musica può, senza alcun dubbio, aiutare tuo figlio a migliorare le sue potenzialità cerebrali e, di conseguenza, aumentare le probabilità che un giorno possa diventare un vincente.

Come al solito, prima di mandare tuo figlio a scuola di pianoforte o di chitarra, domandagli se effettivamente ha voglia di farlo, se è interessato a imparare a suonare uno strumento, in modo da evitare di trasferire su di lui le tue aspettative o, peggio ancora, le tue frustrazioni per non aver mai potuto studiare musica.

SEGRETO n. 12: le note musicali potenziano la corteccia motoria e il corpo calloso. In parole povere, aiutano tuo figlio a diventare più intelligente.

Gesticolare aiuta i bambini a crescere

Pur non essendo né uno psicologo, né un pedagogista, presumo che a questo punto avrai capito che sono una persona cui piace leggere molto e documentarsi. Mentre sfogliavo la mia biblioteca personale (ho uno studio piccolo in casa, ma posso garantirti che vi sono libri e riviste in abbondanza), mi è capitata tra le mani una copia di "Mente & Cervello" dell'aprile 2009.

Quando leggo libri o riviste, ho l'abitudine di mettere sempre dei post-it come promemoria per ritrovare facilmente le frasi o gli articoli più significativi. È stato quindi facile notare l'articolo di **Stefano Pisani**, che parlava di come il gesticolare aiuti i bambini a crescere. In questo pezzo era citato, in particolare, uno studio che dimostra che indicare le cose aiuta i bambini nell'apprendimento del linguaggio.

Rileggendolo, mi è spuntato sulle labbra un mezzo sorriso, ripensando a tutte le volte in cui ho detto ai miei figli: «Non indicare con il dito». Chissà poi perché ero convinto che non bisognasse farlo. Forse perché a suo tempo avevo letto qualcosa in merito o, più probabilmente, perché è un retaggio mentale dei nostri genitori, che a loro volta sono stati "contagiati" dai loro genitori, e così via.

Ma torniamo all'articolo. Meredith Rowe e il suo gruppo di psicologi dell'**Università di Chicago** pubblicarono qualche tempo fa uno studio su Science, dove dimostrarono che i bambini molto piccoli che gesticolano e indicano le cose cercano in realtà di comunicare. E, cosa ancor più interessante, provarono che quegli stessi bambini, in età scolastica, avranno un vocabolario decisamente più ricco e impareranno più velocemente dei loro compagni.

Il movimento indicatorio, infatti, semplifica il processo di associazione della parola alla cosa indicata dal bambino. Quindi, care mamme e papà che state leggendo, da oggi è tassativamente vietato dire ai vostri figli «Smetti di indicare...» Anzi, ogni volta che il vostro bambino indica qualcosa, voi ditegli lentamente il nome dell'oggetto, in modo che lui possa farne un'associazione!

Ma continuiamo a stupirci, attraverso un viaggio fatto di notizie fenomenali, notizie che possano aiutarti a favorire al massimo l'intelligenza di tuo figlio, aiutandolo a diventare un vincente.

Dato che amo tutto ciò che parla di mente e cervello, non poteva sfuggirmi l'articolo a tutta pagina apparso sul quotidiano "La Nazione", il 23 maggio 2011 a firma di **Letizia Cini**: *Diamo al cervello una marcia in più*. Parlava delle nuove frontiere della neuropsicologia e di quali sono gli stimoli giusti per una crescita sana dei bambini.

La Cini spiegava che ogni mamma di questo mondo spera che il proprio bambino nasca munito di quel "qualcosa in più". Una sorta di piccolo genio. Ma dava comunque una speranza anche alle molte mamme che partoriscono bambini "normali", perché ci sono veramente tanti stimoli che un genitore di buona volontà può mettere in campo per sollecitare le potenzialità di suo figlio.

A conferma di ciò, c'era una bella intervista a Giovanni Cioni, ordinario di Neuropsichiatria infantile dell'Università di Pisa e direttore del dipartimento di neuroscienze dell'Istituto Scientifico Stella Maris, ospedale di ricerca dedicato ai disturbi neurologici e psichiatrici del bambino e dell'adolescente. Il virgolettato che segue è tratto proprio dall'intervista al professor Cioni, che elargisce alcuni consigli molto interessanti.

«Le influenze positive dell'ambiente consentono progressi straordinari, anche in casi di bimbi affetti da sindrome di Down o altre malattie genetiche. Fin dalla nascita è bene arricchire l'ambiente con stimoli motori, sensoriali, ludici. Giocare con il piccino, avere sempre un contatto fisico con lui, proporgli musica, parlare.

Si sa che nei periodi giusti (che sono soprattutto i primi mesi di vita) l'arricchimento dell'ambiente fa liberare nel cervello del bambino una gran quantità di neuro-ormoni, detti fattori della crescita come il Nerve Growth Factor (Ngf) per la cui scoperta Rita Levi Montalcini ha vinto il premio Nobel, che stimolano lo sviluppo del cervello, della vista, della parola eccetera».

Fantastico! Il dottor Cioni, che è un luminare nelle neuroscienze, ti ha appena confermato quello che in piccolo, con molta modestia, ti ho suggerito anch'io in tutto l'ebook e, in particolare, nel secondo capitolo.

Insomma, il professore ci ha appena detto che i bambini possono apprendere con più facilità sia la musica sia le lingue straniere, purché i genitori ne agevolino l'ascolto fin dalla prima infanzia. Basta stimolare con giochi motori, sensoriali e ludici il bambino sin dai primi mesi di vita.

SEGRETO n. 13: sembra incredibile ma, per stimolare lo sviluppo delle capacità intellettive di tuo figlio, devi solo giocare più spesso con lui.

L'arte come strumento per sviluppare l'intelligenza

Tanto per rimanere in tema musicale e, soprattutto, in compagnia del nostro grande Wolfgang Amadeus Mozart (un vero toccasana per la salute e lo sviluppo dell'intelligenza): conosci il famoso "**effetto Mozart**"? Sino a pochi anni fa, era considerata solo una controversa teoria scientifica, elaborata nel 1993 da due fisici: **Gordon Shaw** e **Frances Rauscher**.

Stando a questi due ricercatori, l'ascolto della *Sonata in re maggiore per due pianoforti* (KV 448) di Wolfgang Amadeus Mozart avrebbe causato un temporaneo aumento delle abilità spaziali di un gruppo di volontari che si sottopose a un loro esperimento.

All'epoca, però, questa affermazione venne messa più volte in discussione dal mondo scientifico. Anche perché molti altri ricercatori provarono a ripetere l'esperimento, senza però riuscirci. Ecco perché, anche su "Wikipedia", la loro è definita una «controversa teoria scientifica».

Ma torniamo al nostro "effetto Mozart", che significa semplicemente che la musica – o quanto meno certi generi musicali – ha una sorta di potere curativo ed è in grado di migliorare la salute, l'educazione di una persona e anche sviluppare la sua intelligenza.

È stato scelto questo nome perché nei primi esperimenti furono proprio usati brani di Mozart. A questo link trovi un sito molto interessante, che spiega nel dettaglio l'effetto Mozart e le sue potenzialità.

Noi invece torniamo ai giorni nostri e, per la precisione, al gennaio 2010, quando sull'autorevole rivista "Mente & Cervello" **Letizia Gabaglio** pubblicava uno splendido e lunghissimo articolo, dal titolo che è già tutto un programma: *Intelligenti con arte*.

Nell'articolo – che vale assolutamente la pena di leggere, ma essendo molto lungo ho preferito evitare di riportarlo tutto – la Gabaglio spiega che, se nel 1993 il mondo scientifico metteva in discussione l'effetto Mozart, «Oggi psicologi e neuroscienziati confermano: l'arte aiuta i bambini a diventare più intelligenti».

Nella prima pagina appare in bella vista una bellissima foto di un bambino sorridente, sporco di colori dalla testa ai piedi. L'articolo spiega infatti che ogni forma d'arte può aiutare quei bambini considerati svogliati, distratti a scuola e con un insufficiente rendimento scolastico.

Per esempio, si parla di una ricerca molto importante, svolta da Ellen Winner del **Boston College** e da Gottfried Schlaug della **Harvard University**: «I due ricercatori hanno esaminato con la risonanza magnetica i cambiamenti prodotti nel cervello di bambini che avevano seguito un corso di musica di quattro anni, mettendoli a confronto con un gruppo di controllo che non aveva ricevuto alcun insegnamento musicale. I risultati pubblicati sul Journal of Neuroscience, mostrano che i circuiti coinvolti nell'elaborazione degli stimoli musicali sono modificati nei bambini che studiano musica già dopo 15 mesi, ma non negli altri».

Poi la Gabaglio si pone una domanda molto interessante: «In che cosa è diverso il cervello di chi suona?» A unire l'emisfero destro con quello sinistro c'è una sorta di ponte, chiamato corpo calloso (un grosso fascio di fibre nervose formato da qualcosa come oltre 300 milioni di assoni).

L'articolo specifica che alcuni studi di *imaging*, condotti su musicisti che hanno iniziato a suonare prima degli otto anni, dimostrano un maggiore sviluppo proprio del corpo calloso. È come se queste persone riuscissero a collegare i due emisferi con una velocità maggiore, rispetto alle persone "normali".

Sempre nell'articolo della Gabaglio si parla di un'altra ricerca, condotta dal **Dana Arts and Cognition Consortium**, un pool di neuroscienziati di sette università statunitensi, dal 2004 sotto la guida di Michael Gazzaniga, (di chiare origini italiane), direttore del **SAGE Center** per gli studi sulla mente all'Università della California a Santa Barbara.

Questa ricerca ha dimostrato che esiste chiaramente un legame fra arte, educazione e rendimento cognitivo. Inoltre – e questo è molto importante – i bambini che seguono lezioni di musica hanno una maggiore capacità di rappresentazione geometrica e di apprendimento alla lettura rispetto a chi non pratica alcuno strumento.

Direi che è la conclusione è qualcosa di favoloso: **studiare musica migliora le capacità di apprendimento e, in generale, di elaborazione delle informazioni**.

Ma l'articolo della Gabaglio si spinge oltre la musica e prende in analisi altre forme d'arte, come la danza, per esempio. Intervistata, Franca Zagatti, docente di attività motoria per l'età evolutiva all'**Università di Bologna** e ideatrice della danza educativa (metodo di insegnamento in cui spontaneità e organizzazione del movimento si uniscono), ha dichiarato:

«La danza usa il linguaggio figurato, nella sua esecuzione chi balla richiama implicitamente aree diverse del cervello. Imparare a danzare non va considerato esclusivamente un problema di passi e abilità fisica, ma un prezioso strumento di formazione dell'individuo. Il nostro obiettivo è mettere il bambino in condizione di comporre la propria danza: non di imitare un modello, ma di riassemblare l'esperienza del corpo».

L'articolo, di ben sei pagine, prosegue con moltissime altre informazioni, ma noi fermiamoci qui.

Passiamo ora da "Mente & Cervello" a un vecchio articolo apparso nel luglio 2004 sulla rivista "BeneFit", a firma di **Lorenzo Olivero**, dal titolo *Che lingua parla il cervello?* Ne riporto, testualmente, una parte molto interessante.

«È risaputo che i bambini imparano con molta facilità, perché la loro è una mente "in atto", cioè ancora in formazione. Ma, fino a pochi mesi fa, non si sapeva con certezza quale fosse il meccanismo cerebrale alla base di questo apprendimento facilitato.

A colmare questa lacuna sono stati i ricercatori dell'Università Vita-Salute San Raffaele: da un loro studio è emerso come, a livello cerebrale, scattino meccanismi diversi a seconda che a imparare lingue siano i piccoli o gli adulti.

Nel primo caso gli esperti parlano di apprendimento fisiologico: il cervello, cioè, apprendendo la lingua straniera, funziona in modo del tutto simile a quando la persona impara e parla la lingua madre. In sintesi, utilizza meno risorse per apprendere il nuovo idioma».

L'articolo prosegue specificando una cosa molto importante: «Diversi studi hanno dimostrato che è più facile imparare una lingua straniera nei primissimi anni di vita, a partire dalla nascita fino ad arrivare al quarto anno di età. Superata questa soglia è sempre possibile apprendere una seconda lingua, ma con uno sforzo maggiore, che aumenta con il crescere dell'età».

A parte il piacere di aver avuto la conferma che anche l'Italia è piena di ricercatori eccellenti (cui vanno i miei sentiti ringraziamento e plauso), con questa carrellata di articoli (in realtà, ne ho trovati e letti molti di più), ho solamente voluto dimostrare – citando autori, fonti e relative ricerche scientifiche – che, se vuoi stimolare il cervello di tuo figlio e aumentare le sue probabilità di diventare un vincente, hai a tua disposizione molti "strumenti banali", come la musica, la danza, le lingue, l'arte in generale e, naturalmente, lo sport. Dunque, puoi tranquillamente evitare di ricorrere agli effetti speciali…

SEGRETO n. 14: per sviluppare le attività cognitive di tuo figlio, devi continuamente stimolarlo positivamente, sin dai primi mesi di vita.

In chiusura di questo quarto e ultimo capitolo, una raccomandazione: tuo figlio, come tutti i bambini di questo mondo, ama moltissimo l'attività manuale, certamente quella fisica motoria e, in linea di massima, anche le varie attività cognitive cui puoi indirizzarlo (imparare una lingua, suonare il piano, danzare, dipingere, disegnare ecc.).

Ma… c'è un ma e ti invito a tenerlo in debita considerazione. Se nello sport che gli fai praticare gli allenamenti sono troppo duri (volti solo a farlo vincere, per farti piacere), se nelle attività cognitive cui l'hai indirizzato gli vengono richiesti risultati sempre più brillanti (volti a renderlo il "numero uno", per il tuo ego personale), anziché divertirsi, tuo figlio si stresserà.

Evita, dunque, di scaricare su tuo figlio le tue personali aspettative o i tuoi desideri irrealizzati. Il rischio che corri è immenso: **puoi renderlo nervoso e frustrato!**

Giocare… tuo figlio, deve giocare! E tu con lui. Giocate insieme, divertitevi e, contemporaneamente, tieni "aperta" la sua mente. Aiutalo a crescere sicuro di sé, con una buona autostima. **Aiutalo a essere un bambino felice**. Perché un bambino felice è, già di per sé, un vincente.

Infine, voglio che sia chiara una cosa: i risultati sono possibili, ma **solo** se ci metti **impegno,** moltissimo impegno e **determinazione.** E **solo** se hai le giuste **strategie** da seguire. In questo ebook, credo di averti suggerito strategie semplici, ma utili, efficaci e soprattutto pratiche. Fanne buon uso.

Esercizio n. 4:

Chiama il tuo partner e prendetevi cinque minuti per leggere insieme questa dichiarazione. Dopo che l'avete letta, completatela con i nomi vostri e di vostro figlio e firmatela. Se avete più di un bambino, fatene una copia per ognuno.

Noi, ____ genitori di _______________________________, ci impegniamo a stimolare continuamente nostro figlio, a giocare con lui, ad ascoltare le sue esigenze, a crescerlo sano. Qualsiasi stimolo cognitivo daremo a _____________________ sarà esclusivamente per farlo crescere sorridente e felice, ci impegniamo formalmente a evitare di scaricare sul bambino ogni nostra aspettativa, ogni nostra frustrazione.

Data _______________

Firma mamma _______________

Firma papà _______________

RIEPILOGO DEL CAPITOLO 4:

- SEGRETO n. 12: le note musicali potenziano la corteccia motoria e il corpo calloso. In parole povere, aiutano tuo figlio a diventare più intelligente.

- SEGRETO n. 13: sembra incredibile ma, per stimolare lo sviluppo delle capacità intellettive di tuo figlio, devi solo giocare più spesso con lui.

- SEGRETO n. 14: per sviluppare le attività cognitive di tuo figlio, devi continuamente stimolarlo positivamente, sin dai primi mesi di vita.

Conclusioni

Sono solito chiudere i miei ebook con un racconto preso dalla rete. Questa volta, ho optato per una testimonianza, quella di **Mary Baruffaldi**, una cara amica che abita in provincia di Novara, alla quale l'arrivo del nipotino Davide ha rivoluzionato felicemente la vita. Chissà quante amiche e amici sono nella stessa identica situazione di Mary.

***

Accolgo con piacere l'invito di Giancarlo di scrivere, a conclusione di questo suo ebook, alcune riflessioni nate dalla stupenda esperienza di zia che sto vivendo da 15 mesi.

Mi interesso da tempo di tutto ciò che riguarda la crescita personale, mi affascina capire e mettere in pratica tutto quanto si conosce sull'apprendimento e le potenzialità della nostra mente. Ma rimango letteralmente stupita nell'osservare l'evoluzione e i progressi mentali del mio nipotino in risposta agli stimoli che noi famigliari gli diamo. Da qui nasce la seppur ovvia considerazione che vale la pena dedicare ai nostri piccoli il massimo impegno e la massima attenzione, affinché diventino adulti felici e sicuri di sé.

Il primo pensiero che ho fatto, prendendo in braccio il mio Davide a poche ore dalla sua nascita, è stato che **gli avrei sorriso sempre e comunque**. Così è stato e tuttora è, anche da parte della mamma e del papà, che ovviamente danno l'imprinting più forte nella sua formazione e crescita. Il risultato è che oggi Davide è un bambino che sorride a tutti e trasmette felicità al solo guardarlo.

Mi piace e condivido la citazione di Albert Einstein ripresa da Giancarlo Fornei in questo ebook, secondo la quale i bambini sono «appassionatamente curiosi». E trovo che soddisfare con attenzione e sensibilità questo loro bisogno di scoprire il mondo porti risultati incredibili nel loro apprendimento.

Davide, a esempio, davanti alle cose nuove che vede, non riuscendo ancora a esprimersi con le parole, si fa capire con i gesti: apparentemente sembrerebbe che indichi quel determinato oggetto perché vuole averlo, ma in realtà è sufficiente spiegargli brevemente e con calma cos'è e a cosa serve per soddisfare il suo bisogno e la sua curiosità.

Anche di fronte a oggetti o situazioni che non sono adatti ai bambini, ho capito che non serve, anzi è controproducente, rivolgersi loro con frasi come: «No, questo non lo puoi avere»; «Non è per te, è pericoloso»; «Non andare vicino che ti scotti».

Molto meglio spiegargli, a esempio, che «Questo è il ferro da stiro della mamma, per stirare le tue magliette, i tuoi pantaloncini e i vestiti di mamma e papà; non toccarlo perché è molto caldo, ti scotteresti la mano e ti farebbe molto male».

Certo, ci vuole un investimento maggiore di tempo e soprattutto c'è bisogno di tanta calma e pazienza per persuadere un bimbo, ma posso assicurare che è di gran lunga più facile che con un adulto!

Prestissimo, quando aveva appena pochi mesi di vita, regalai a Davide il suo primo libretto: poche pagine cartonate sulla storia di

Pinocchio. Cominciai a commentargli i disegni, dapprima per brevi momenti, finché imparò a girare lui stesso le pagine. Ci mise poco ad associare il significato del comando «Gira» allo sfogliare le pagine. Oggi è lui a prendere i libretti e a sedersi sulle ginocchia della zia, mamma/papà o baby-sitter, per farsi raccontare una storiella…

Penso che appassionare i bambini fin da piccoli alla scoperta delle cose e degli avvenimenti, anche tramite la lettura dei libri, sia il miglior modo per avviarli al piacere dello studio e della conoscenza.

«La musica apre la mente» è il titolo di uno degli ultimi paragrafi di questo ebook ed è un'affermazione che condivido in forma assoluta, tanto per gli adulti, quanto per i bambini. Da quando era nella pancia della sua mamma, Davide ha ascoltato musica e molto spesso il suo gioco è accompagnato da canzoni per bambini, ma anche da musica pop e rock.

Se è forse presto per dire che l'ascolto della musica ha influito sul suo sviluppo intellettivo, di certo si resta stupiti nel vederlo muovere disinvoltamente, ovunque si trovi, piazza o casa che sia, non appena sente un ritmo musicale gradito, che si tratti di un sottofondo pubblicitario, di una canzone alla radio, di un cd rock o di liscio.

Prima di chiudere la mia testimonianza, vorrei riflettere sull'importanza che hanno per la crescita dei bambini le scelte, ma anche il comportamento e l'atteggiamento dei genitori e di tutte le persone che li accudiscono durante l'infanzia.

Talvolta s'incontrano genitori – mamme in particolare – molto apprensivi, insicuri, possessivi o che realizzano se stessi nella crescita del proprio figlio, imponendogli il proprio volere. In questo modo soddisfano il proprio bisogno di sicurezza/controllo/realizzazione, ma non sempre realizzano i desideri o il bene del bambino.

Altre volte si incontrano genitori "costretti" a svolgere questo ruolo, che si barcamenano con fatica tra periodi di banale quotidianità e di crisi. Ci sono poi quei genitori (ma anche nonni, zii ecc.) che, consapevoli dell'importanza del proprio ruolo, fanno della crescita del loro piccolo un periodo di rinnovamento (e anche ringiovanimento) di se stessi, adottando nuovi comportamenti e diverse abitudini.

Perché il bambino di oggi diventi domani una persona felice, sicura di sé, coraggiosa, socievole, sono convinta che i metodi educativi applicati dai nostri genitori, trenta, quarant'anni fa, non siano più sufficienti, anzi siano talvolta assolutamente dannosi. In quest'epoca post-moderna e multimediale, non serve più imporre la propria autorità, serve piuttosto convincere e persuadere, comunicare e ascoltare, serve vivere trasmettendo emozioni.

Zia Mary

Bibliografia

- Eric De La Parra Paz, *Pnl con i bambini*, Diegaro di Cesena, Essere Felici, 2005.

- Christian Wolf, *Povera infanzia*, in «Mente & Cervello», marzo 2010.

- Serge Nicolas, *Le otto forme di Gardner*, tratto da: *Alfred Binet o la nascita del QI.*, in «Mente & Cervello», novembre-dicembre 2006.

- Howard Gardner, *Educazione e sviluppo della mente. Intelligenze multiple e apprendimento*, Trento, Centro Studi Erickson, 2005.

- Thomas J. Stanley, *La mente milionaria*, Milano, Gribaudi, 2010.

- Paul McKenna, *Posso farti diventare ricco*, Milano, Tea, 2007.

- Gregory Bateson, *Verso un'ecologia della mente*, Milano Adelphi, 1997.

- Helen Phillips, *L'elettronica ci cambia il cervello*, in «Focus», ottobre 2007.

- Ottavio Giacobbe, *Con Mozart i prematuri crescono bene*, in «OK La salute prima di tutto», febbraio 2010.

- Ottavio Giacobbe, *Musica, bambini più intelligenti già dopo un anno di lezioni*, in «OK La salute prima di tutto», febbraio 2010.

- Stefano Pisani, *Gesticolare aiuta a crescere*, in «Mente & Cervello», aprile 2009.

- Letizia Cini, *Diamo al cervello una marcia in più*, in «La Nazione», 23 maggio 2011.

- Letizia Gabaglio, *Intelligenti con arte*, in «Mente & Cervello», gennaio 2010.

- Lorenzo Olivero, *Che lingua parla il cervello?*, in «BeneFit», luglio 2004.

- Irene Merli, *Stress: se colpisce anche loro*, in «GEO», giugno 2009.

- Massimo Selleri, *Tutti i numeri per crescere*, in «La Nazione», 29 agosto 2011.

Ringraziamenti

Anche se ormai non sono più bambini, questo ebook è interamente dedicato ai miei figli. Alla data in cui scrivo le ultime righe, 27 ottobre 2011, Sebastian e Mattia sono due splendidi ragazzi di 22 e 19 anni. So di essere stato un padre imperfetto. Ho comunque provato a essere un "buon padre". Talvolta ci sono riuscito, altre volte meno.

Pur con tutti i miei difetti (entrambi sanno che l'elenco è lungo!), ho sempre rispettato le loro scelte, anche quelle che non condividevo. Comprendo bene che, con il lavoro che svolgo, posso esser sembrato loro un padre un po' troppo invadente, ma voglio che sappiano che ho sempre avuto fiducia in loro, e sempre ne avrò. Seba e Mattia, vi voglio bene!

Un grazie al mio editore, **Giacomo Bruno**, che mi ha letteralmente suggerito l'ispirazione per scrivere questo quinto ebook.

Infine, un grazie sincero a tutti i genitori che, leggendolo, vorranno farlo proprio, mettendo in pratica i consigli che contiene per essere più bravi di me nel far crescere felici i loro figli.